中級中国語教室
実践会話のクラス

依藤醇・小薗瑞恵・井田みずほ　著

白帝社

はじめに

　本テキストは文法・作文教材としての『初級中国語教室　詳解文法と作文のクラス』の姉妹編で、会話に特化した教材です。

　外国語を学ぶには、文法や作文の学習が大切であることは言うまでもありません。単語や文型を効率よく身に着けるのに有効だからです。しかしながら、単語や文型を覚えるだけで会話の力が着くわけではありません。会話力を着けるには、何よりも実際の場面に応じた臨機応変の対応が必要となります。そのためには会話で使われる表現を繰り返し聞き話す訓練をすること。すなわち耳と口を使った大量のレッスンが欠かせません。学習環境としては、中国語が使われている社会にある程度長期にわたって滞在するのが理想的であるのは言うまでもありません。しかしながら、それは中国語学習者の誰にもできることではありません。日本で学びながら中国語の会話の基礎を養成するにはどのような教材が望ましいかを考え続けてきた結果として私たちは本テキストを作成しました。大きな特色は次の３点です。

1．文法用語は原則として用いなかった。
2．話の場は日本で、中国語を学ぶ大学生と中国人留学生の生活を取り上げた。
3．場面中心でなく機能（あいさつ、思いやり、依頼、提案…）中心とした。

　本テキストは全部で14課からなり、年間28回の授業（２回の授業で一課）で学ぶことを想定しています。第１課—第２課は発音についての解説と練習です。中国語学習における発音の大切さは、いくら強調しても強調しすぎることはありません。既修者であっても、もう一度ウォーミングアップを兼ねて基礎から発音の学習をしてください。第３課—第14課は会話を学びます。第３課からの各課はそれぞれ「基本表現」「会話」「関連表現」「練習」の四部分から構成されます。「基本表現」では4組の対話を通して、基本的な常用表現を学びます。「会話」は日常にありうる場面を設定し、「基本表現」で学んだ表現を活かした練習を行います。「関連表現」では表現の幅を広げるため文の補充を行うとともに、ひとくち解説で簡単な説明を行っています。「練習」は学んだ内容の定着を目指すためのレッスンです。

　中国語に"功夫不负有心人"gōngfu bú fù yǒuxīnrén という格言があります。日本語の「努力は人を裏切らない」に当たります。プロの通訳者であっても仕事の内容について事前にしっかり準備をします。少しでも多くのことを学んでおけば、余裕を持って実際の場に臨むことができます。みなさんの中国語会話の学習において本テキストが少しでもお役に立てば幸いです。

　本テキスト作成でも引き続き多大な援助をいただいた白帝社編集部の杉野美和さん、イラストを描いていただいた淺山友貴さん、表紙のデザインを担当していただいた宇佐美佳子さんに御礼申し上げます。

2016年10月
著者

目　次

中国地図

発音

第1課　　　　　　　　　　　8

「簡体字」と「ピンイン」　8
中国語の音節　8
1 音節の構造　9
2 声調　10
3 韻母　10

第2課　　　　　　　　　　15

1 声母　15
2 声調変化　19
3 アル化（r化）　19
4 隔音符号（'）　19

会　話

第3課　　你好！　　　　　24
──打招呼／问候语──
（あいさつ）

1 出会ったときのあいさつと応じ方　26
2 別れるときのあいさつ　27

第4課　你身体怎么样？　　31
──问安──
（気遣い；思いやり）

1 気遣い・思いやりを表す表現と応じ方　33
2 相手に関わりのあることについての尋ね方と答え方　33
3 第三者へのあいさつ依頼と答え方　34

第5課　我叫渡边真理。　　37
──自我介绍──
（自己紹介）

1 自己紹介　39
2 姓や名前、呼び方の尋ね方と答え方　39
3 国籍や出身地の尋ね方と答え方　40
4 年齢の尋ね方と答え方　40

第6課　欢迎你来日本！　　44
──迎接，慰劳，求人──
（出迎え、ねぎらい、依頼）

1 人を迎えるときの表現　46
2 長旅をしてきた人へのねぎらいの表現と応じ方　46
3 依頼の表現　47

第7課　这样行不行？　　　51
──建议，同意，不同意──
（提案、同意、不同意）

1 提案をし意見を求める表現　53
2 自分の主張を強く出した提案をし意見を求める表現　53
3 提案に対する同意の表現　53
4 提案に対する不同意の表現　54

第8課　祝贺你！　　　　　57
──祝福，生日，生肖，传闻──
（祝福、誕生日・干支、うわさ）

1 祝福の表現　59
2 誕生日と干支の表現　60
3 うわさの表現と応じ方　61

| 第9課　不見不散。　65
——应答，约会，假定，提醒——
（あいづち、待ち合わせ、仮定、注意喚起）

1 あいづちの打ち方　67
2 待ち合わせの表現　67
3 仮定の表現　68
4 注意喚起の表現　68

第10課　漫画画得真棒！　72
——称赞，谦逊，允许——
（称賛、謙遜、許可）

1 ほめる表現　74
2 謙遜する表現と応じ方　74
3 「～させてください」と許可を求める表現　75

第11課　这个多少钱？　79
——问价，讲价，付款——
（値段を尋ねる、値段の交渉、精算）

1 値段の尋ね方と答え方　82
2 値段の交渉　83
3 精算の求め方と答え方　84

第12課　是在这里挂号吗？　88
——挂号，出示证件，接语，答应——
（受付、証明書呈示、つなぎ、承諾）

1 受付や窓口での申し込みの表現　90
2 呈示を求める表現と応じ方　90
3 つなぎの言葉　91
4 承諾の表現　91

第13課　去关帝庙怎么走？　95
——问路，惊讶，选择，祈愿——
（道を尋ねる、驚き、選択、祈り）

1 道の尋ね方と答え方　98
2 驚きの表現　98
3 ２つから選ぶ表現　99
4 祈りの表現　100

第14課　过年好！　104
——贺年，道歉，安慰，干杯——
（新年のあいさつ、おわび、慰め、乾杯）

1 新年のあいさつ　107
2 おわびとそれを慰める表現　107
3 不幸を慰める表現　108
4 乾杯の表現　108

語句索引
　中国語から　113
　日本語から　120

中国語音節表

「会話」の主な登場人物

渡辺真理さん　　李偉君　　劉紅さん　　高橋先生　　王先生
大学2年生　　　留学生　　留学生

本テキストの音声について

🔊マークがついたところの音声は、白帝社ホームページ内の本テキストのページからダウンロードして聞きます。

吹込み：凌慶成、容文育

http://goo.gl/WtNUVZ

※各機器と再生ソフトに関する技術的なご質問は、各メーカーにお願いいたします。
※本テキストと音声は著作権法で保護されています。

発　音

第 1 课
Dì yī kè

1 音節の構造
2 声調
3 韻母

「簡体字」と「ピンイン」

中国語には平仮名や片仮名に当たるものがなく、基本的には漢字だけで表記されます。日本語と同じかあまり変わらない漢字も多いのですが、"汉"（漢）や"书"（書）のように、見てもすぐにはそれと分からない簡略化された漢字も少なくありません。簡略化された漢字は「簡体字」と言われ、教科書類はもちろん、新聞や一般書籍でも広く使われている正式の文字です。そのため簡体字を学ぶ必要があります。

漢字は表音文字とは言えないので、漢字を見ても発音は分かりません。そこで、中国語の発音を記すのに「ピンイン」という中国語表音ローマ字を使います。中国語の教育や辞書の配列、コンピューターの入力、各種デザイン等に広く使用されています。文字そのものは英語で用いられるアルファベットとほぼ同じですが、中国語の発音を記すための規則があり、それを覚えねばなりません。

 书　shū

中国語の「音節」

日本語の「は」（ha）とか「み」（mi）という音は、それ以上区切って発音できない一つの音声上の単位で、これを「音節」と言います。中国語には400種類余りの音節があります。さらに中国語の音節には「声調」という音の高低アクセント（音の高低や上げ下げ）が伴っていますので、実際には1300余りの音が区別されることになります。声調を伴って発音される音節の一つ一つが基本的に何らかの意味を持ち、文字では漢字一字で表されます。

➡巻末「中国語音節表」

1 音節の構造

中国語の音節の構造は、「声母＋韻母／声調」で表すことができます。「声母(せいぼ)」とは音節の頭に現れる子音(しいん)のことで、ピンインで表すと、

　　b、p、m、f、d、t、n、l、g、k、h、
　　j、q、x、zh、ch、sh、r、z、c、s

の21種類があります。zh、ch、sh は連続する2つの子音ではなく、子音を表す文字が足りないため、それぞれ2文字の組み合わせで一つの子音を表しているものです。なお、音節によっては声母は欠けるものもあります（「ゼロ声母」とも言います）。

「韻母(いんぼ)」とは声母に続く部分で、細かく見るとさらに3つの部分、先頭から順番に「介母音(かいぼいん)（韻頭(いんとう)）」「主母音(しゅぼいん)（韻腹(いんぷく)）」「尾音(びおん)（韻尾(いんび)）」からなっています。そのうち、主母音を除く介母音、尾音が欠ける音節もあります。韻母は全部で37種類あります。

「声調(せいちょう)」とは高低アクセントのことで、私たちの学ぶ「共通語（"普通话" pǔtōnghuà）」では高・低・上げ・下げなど4種類のタイプがあり、「四声(しせい)」と言われます。ピンインでは mā、má、mǎ、mà のように母音の上（複数ある場合は、最も強く発音する母音の上）に「声調符号」という符号をつけて声調を区別します。このほかに、単語や句(く)や文の末尾にきて、軽く短く発音されるものがあり、これを「軽声(けいせい)」と言います。軽声は ma のように声調符号をつけません。

➡ 巻末「中国語音節表」では左側に縦一列に並んでいます。

➡ 巻末「中国語音節表」では最上部に左側から右へと並んでいます。

➡ 10頁図

❶「句」とは2つ以上の単語を組み合わせた言葉です。

音節の構造

音節	声母	韻母			声調
		介母音 （韻頭）	主母音 （韻腹）	尾音 （韻尾）	
é　（鹅）			e		´
mǎ　（马）	m		a		ˇ
māo（猫）	m		a	o	ˉ
xiè　（蟹）	x	i	e		`
niǎo（鸟）	n	i	a	o	ˇ
xiàng（象）	x	i	a	ng	`

※「介母音（韻頭）」になるのは i、u、ü、
　「主母音（韻腹）」になるのは a、o、e、i、u、ü、er、
　「尾音（韻尾）」になるのは i、u、(-ao の) o、n、ng です。

※ é　（鹅）＝ガチョウ
　mǎ　（马）＝ウマ
　xiè　（蟹）＝カニ
　niǎo（鸟）＝トリ

2 声　調

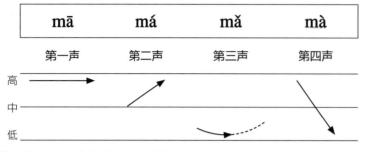

第一声　mā：高く平らにのばす。
第二声　má：一気に引き上げる（後半に力をこめて）。
第三声　mǎ：低くおさえる（実線部分に力をこめて）。
第四声　mà：一気に降下。
軽　声　ma：軽く短く（添える感じで）。

■ 練習 ■　発音してみましょう。

① mā（妈）　　má（麻）　　mǎ（马）　　mà（骂）
② Māma mà mǎ.（妈妈骂马。）

※ピンインでは文頭は大文字にします。

3 韻　母

「韻母（いんぼ）」は単母音からなるもの、二重母音からなるもの、三重母音からなるもの、母音のあとに尾音（びおん）-n、-ng を伴うものの 4 種類があります。以下、その順番に取り上げていきます。

1) 単母音
6 個の基本母音

| a　　o　　e　　i（yi）　　u（wu）　　ü（yu） |

※声母がゼロで、i、u、ü が単独で音節となる場合、それぞれ（　）内のつづりとなります。

a　　：口を大きく開けて「アー」。
o　　：唇をやや丸めて「オー」。
e　　：口をやや左右に引き、のどの奥から「オー」。
i（yi）：口を左右に引き「イー」。
u（wu）：唇を丸めて突き出し「ウー」。
ü（yu）：唇をすぼめて「イー」。

■ 練習 ■ 声調を加えて6個の基本母音を練習してみましょう。

A05
① ā　　　　　á　　　　　ǎ　　　　　à
② ō　　　　　ó　　　　　ǒ　　　　　ò
③ ē　　　　　é　　　　　ě　　　　　è
④ ī（yī）　　í（yí）　　ǐ（yǐ）　　ì（yì）
⑤ ū（wū）　　ú（wú）　　ǔ（wǔ）　　ù（wù）
⑥ ǖ（yū）　　ǘ（yú）　　ǚ（yǔ）　　ǜ（yù）

捲舌母音（そり舌母音）

A06
| er |

前に声母がくることはなく、いつでも単独で音節となります。
舌先をすばやく巻き上げながら「アール」と発音します。

■ 練習 ■ 捲舌母音を練習してみましょう（（　）内はそれぞれ発音に該当する漢字の一例です）。

A07
① ér（儿）　　ěr（耳）　　èr（二）

※ ērに該当する漢字はありません。

2）二重母音

主母音が前のタイプ

A08
| ai　　　　ei　　　　ao　　　　ou |

前の母音（主母音）を強く、後の母音（尾音）を弱く、全体を滑らかに結んで発音します。
二重母音 ei の e は単母音の場合とは異なり、「エ」と発音します。

主母音が後ろのタイプ

A09
| ia（ya）　　ie（ye）　　ua（wa）　　uo（wo）　　üe（yue） |

※声母がゼロで、単独で音節となる場合、それぞれ（　）内のつづりとなります。

前の母音（介母音）を弱く、後の母音（主母音）を強く、全体を滑らかに結んで発音します。
二重母音 ie（ye）の e と üe（yue）の e は単母音の場合とは異なり、「エ」と発音します。

■ 練習 ■　声調を加えて二重母音を練習してみましょう。

A10
① āi　　　　　　ái　　　　　　ǎi　　　　　　ài
② ēi　　　　　　éi　　　　　　ěi　　　　　　èi
③ āo　　　　　　áo　　　　　　ǎo　　　　　　ào
④ ōu　　　　　　óu　　　　　　ǒu　　　　　　òu
⑤ iā（yā）　　　iá（yá）　　　iǎ（yǎ）　　　ià（yà）
⑥ iē（yē）　　　ié（yé）　　　iě（yě）　　　iè（yè）
⑦ uā（wā）　　　uá（wá）　　　uǎ（wǎ）　　　uà（wà）
⑧ uō（wō）　　　uó（wó）　　　uǒ（wǒ）　　　uò（wò）
⑨ üē（yuē）　　　üé　　　　　üě（yuě）　　　üè（yuè）

※ üé（üeの第二声）はここでは便宜的にそのまま発音しておきますが，実際には単独では音節を構成せず、必ず前に声母がきます。

3) 三重母音

A11
| iao（yao）　　　iou（you）／-iu　　　uai（wai）　　　uei（wei）／-ui |

※声母がゼロで、単独で音節となる場合、それぞれ（　）内のつづりとなります。

※iouとueiは、前に声母があるときにはoやeが弱まり、つづりの上ではこれらを落として-iu、-uiと表記します。その場合、声調符号は-iū、-uīのように後ろの母音の上につけます。

　真ん中の母音（主母音）を強く、その前後の母音は軽く、全体を滑らかに結んで発音します。三重母音uei（wei）のeも単母音の場合とは異なり、「エ」と発音します。

■ 練習 ■　声調を加えて三重母音を練習してみましょう。

A12
① iāo（yāo）　　iáo（yáo）　　iǎo（yǎo）　　iào（yào）
② yōu　　　　　yóu　　　　　yǒu　　　　　yòu
③ uāi（wāi）　　uái（wái）　　uǎi（wǎi）　　uài（wài）
④ wēi　　　　　wéi　　　　　wěi　　　　　wèi

4) 母音＋ -n / -ng

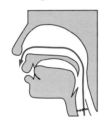
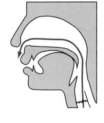

-n　　　　　　　　　　-ng

-n ：日本語の「案内（あんない）」の「ん」のように舌の先を上の歯茎に押し当てます。

-ng：「案外（あんがい）」の「ん」のように舌先はどこにもつきません。

主母音＋尾音が an のグループ

A13

| an | ian（yan） | uan（wan） | üan（yuan） |

※声母がゼロで、ian、uan、üan が単独で音節となる場合、それぞれ（ ）内のつづりとなります。

ian（yan）の a は前後の音の影響を受けて「エ」と発音します。その他の a は口の前寄りで発音する「ア」。

※ian (yan)は「イアン」ではなく、「イエン」のように発音します。

主母音＋尾音が ang のグループ

A14

| ang | iang（yang） | uang（wang） |

※声母がゼロで、iang、uang が単独で音節となる場合、それぞれ（ ）内のつづりとなります。

a は口の後ろ寄りで発音する「ア」。

主母音＋尾音が en のグループ

A15

| en | in（yin） | uen（wen）/ -un | ün（yun） |

※声母がゼロで、in、uen、ün が単独で音節となる場合、それぞれ（　）内のつづりとなります。

※uen は前に声母があるときには e が弱まり、つづりの上ではこれを落として -un と表記します。

※in と ün は本来は ien と üen となるべきところ、これらの e が声母がゼロの場合も含めて弱いので、これを落として表記します。

en、uen にある e は口の前寄りで発音する「エ」。

主母音＋韻尾が eng のグループ

A16

| eng | ing（ying） | ueng（weng）/ -ong | iong（yong） |

※声母がゼロで、ing、ueng、iong が単独で音節となる場合、それぞれ（　）内のつづりとなります。

※ueng は前に声母があるときには -ong とつづります。

※ing は本来 ieng となるべきところ、e が声母がゼロの場合も含めて弱くなるので、これを落として表記します。

eng、ueng にある e は、基本母音の e のように口の後ろ寄りで発音し、「オ」に近く聞こえる母音です。

iong（yong）は唇をすぼめて（ü の発音をするときの形で）「イウン」と発音します。

■ 練習 ■　-n と -ng の違いに注意して練習してみましょう。

A17
① ān ── āng　　yān ── yāng　　wān ── wāng
② ēn ── ēng　　yīn ── yīng
　　wēn ── wēng　　yūn ── yōng

第 **2** 课
Dì èr kè

1 声母
2 声調変化
3 アル化（r 化）
4 隔音符号（'）

1 声母

　下の声母表は21種類の声母を発音部位（どこを使って発音するか）によって6種類に分類したものです。これらの中で、b — p、d — t、g — k、j — q、zh — ch、z — c、の6組は「無気音」と「有気音」との区別が大切になります。

声母表

	無気音	有気音		
唇音	b (o)	p (o)	m (o)	f (o)
舌尖音	d (e)	t (e)	n (e)	l (e)
舌根音	g (e)	k (e)	h (e)	
舌面音	j (i)	q (i)	x (i)	
そり舌音	zh (i)	ch (i)	sh (i)	r (i)
舌歯音	z (i)	c (i)	s (i)	

※（ ）内の母音は声母表を読み上げるときにつける母音です。

※声母は母音をつけなければ発音できません。

A18

| bo | po | mo | fo |

bo：唇をしっかり閉じてから「ポー」と息をゆっくり出す。濁音にはなりません。

po：唇をしっかり閉じoの発声を遅らせながら「プッオー」と息を吐く。

mo：唇をしっかり閉じてから「モー」。

fo：下の唇を上の歯にしっかり当て「フォー」。

■ 練習 ■　いろいろな韻母をつけて発音してみましょう。

A19
① bō　　bá　　bǔ　　bǐ　　bēi
　　biāo　bié　biān　bēn　bīng
② pō　　pá　　pǔ　　pǐ　　pēi
　　piāo　piě　piān　pēn　píng
③ mō　　mǔ　　mèi　máng　míng
④ fā　　 fù　　fēi　　fǎn　　fēng

A20
| de | te | ne | le |

de：口をやや左右に引き、息をゆっくり出しながら「トー」。
te：口をやや左右に引き、eの発声を遅らせながら「トッー」と息を吐く。
ne：口をやや左右に引き「ノー」。
le：舌先を上の歯茎に押し当て、口を左右に引きながら「ロー」。

■ 練習 ■　いろいろな韻母をつけて発音してみましょう。

A21
① dé　　dā　　dǔ　　dì　　dāo
　　dāng　děng　diàn　duǒ　dōng
② tè　　tā　　tǔ　　tì　　táo
　　tāng　téng　tiān　tuǒ　tōng
③ ná　　nǔ　　nǐ　　néng　nuǎn
④ lè　　lí　　lù　　lán　　lǒng

A22
| ge | ke | he |

ge：口をやや左右に引き、息をゆっくり出しながら「コー」。
ke：口をやや左右に引き、eの発声を遅らせながら「コッー」と息を吐く。
he：口をやや左右に引き、のどを狭める感じで摩擦音「ホー」。

■ 練習 ■　いろいろな韻母をつけて発音してみましょう。

A23
① gē　　gǔ　　gài　　gāo　　gǒu
　　gǎng　guà　　guó　　guāng　gōng
② kē　　kǔ　　kāi　　kào　　kǒu
　　káng　kuà　　kuò　　kuàng　kòng
③ hē　　hā　　hú　　huǒ　　huáng

| ji | qi | xi |

※j、q、x の後ろに ü が続く場合、つづりの上では ü の上の点を取り除いて ju、qu、xu と表記します（j、q、x の後ろには発音の上で u が続くことはありません。u となっていても ü と見なしてください）。

ji：口をやや左右に引き、息をゆっくり出しながら「チー」。
qi：口をやや左右に引き、i の発声を遅らせながら「チッー」と息を吐く。
xi：口をやや左右に引き、「シー」。

■ 練習 ■ いろいろな韻母をつけて発音してみましょう。

① jī　　jiā　　jiǎo　　jiū　　jiāng
　　jǐng　　jù　　jué　　juàn　　jūn
② qī　　qiā　　qiǎo　　qiū　　qiāng
　　qǐng　　qù　　quē　　quán　　qún
③ xī　　xiā　　xiǎo　　xù　　xióng

| zhi | chi | shi | ri |

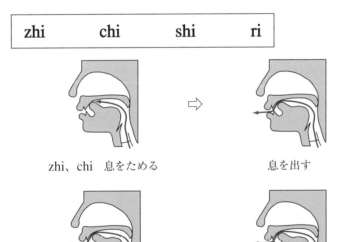

zhi、chi 息をためる　　息を出す
shi 声帯は震えない　　ri 声帯が震える

zhi：図を参考に、舌先をそり上げ息をゆっくり出しながら「チー」。
chi：zhi と同じく、舌先をそり上げ i の発声を遅らせながら「チッー」と息を吐く。
shi：図を参考に、そり上げた舌に力を入れて「シー」。
ri ：図を参考に、そり上げた舌に力を入れて「リー」。

zhi、chi、shi、riのi[ʅ]は、同じiを用いてはいても、基本母音のように鋭く緊張したi[i]ではなく、いわば緩んだi[ʅ]です。

➡基本母音は10頁

■ 練習 ■　いろいろな韻母をつけて発音してみましょう。

A27
① zhī　　　zhá　　　zhè　　　zhǔ　　　zhǎo
　　zhōu　　zhǎn　　zhàng　　zhuī　　zhōng
② chī　　　chá　　　chè　　　chǔ　　　chǎo
　　chōu　　chǎn　　chàng　　chuí　　chōng
③ shī　　　shā　　　shè　　　shǔ　　　shàng
④ rì　　　　rè　　　　rǔ　　　ràng　　róng

A28
　　zi　　　ci　　　si

zi：口をやや左右に引き、息をゆっくり出しながら「ツー」。
ci：口をやや左右に引き、後ろに続く母音の発声を遅らせながら「ツッー」と息を吐く。
si：口をやや左右に引き「スー」。

zi、ci、siのi[ɿ]は、同じiを用いてはいても、基本母音のi[i]やzhi、chi、shi、riのi[ʅ]のいずれとも異なります。z、c、sの発声の後に自然に出てくる「ウ」に近い母音です。

■ 練習 ■　いろいろな韻母をつけて発音してみましょう。

A29
① zì　　　zá　　　zé　　　zū　　　zǎi
　　zǎo　　zāng　　zuò　　zūn　　zǒng
② cì　　　cā　　　cè　　　cū　　　cǎi
　　cǎo　　cāng　　cuò　　cún　　cōng
③ sī　　　să　　　sè　　　sú　　　sòng

2 声調変化

1) 第三声の変化

第三声＋第三声→第二声＋第三声

A30
① shuǐ ＋ guǒ → shuíguǒ（水果）
② nǐ ＋ hǎo → Ní hǎo!（你好！）

※第三声の変化についてのピンイン表記では、本書を含め通常は元の声調のままで記されます。

2) "不"（bù）の変化

"bù" ＋第四声→ "bú" ＋第四声

A31
③ bù ＋ yào → bú yào（不要）
④ bù ＋ qù → bú qù（不去）

※"不"が声調変化する場合、本書では変化後の声調で記しています。

3) "一"（yī）の変化

"yī" ＋第一・二・三声→ "yì" ＋第一・二・三声

A32
⑤ yī ＋ qiān → yìqiān（一千）
⑥ yī ＋ nián → yì nián（一年）
⑦ yī ＋ bǎi → yìbǎi（一百）

"yī" ＋ 第四声 → "yí" ＋第四声

⑧ yī ＋ wàn → yíwàn（一万）

※"一"が声調変化をする場合、本書では変化後の声調で記しています。
※序数（順序を表す数）の場合は、声調変化はしません。

3 アル化（r化）

　捲舌母音のerが接尾辞となって他の音節の後ろにつき、その音節の韻尾が捲舌化することを言います。ピンインではrを加えればよいのですが、発音に変化が起こるものもあります。③ではrの前のiが、④ではrの前のnが実際の発音では脱落します。

A33
① huār （花儿）　　② gēr （歌儿）
③ xiǎoháir（小孩儿）　④ wánr（玩儿）

4 隔音符号（'）

　音節がa、o、eで始まる場合、前の音節との切れ目が分からないときには「'」を用いて音節がそこで分かれることをはっきりさせます。

A34
① liàn'ài （恋爱）　　② nǚ'ér（女儿）
③ mù'ǒuxì（木偶戏）

練　習

1. 「声調」の違いに注意して発音してみましょう。

A35
① dǎnzi　　（胆子）——　dànzi　　（担子）
② jiàoshī　（教师）——　jiàoshì　（教室）
③ lǎoshī　　（老师）——　lǎoshi　　（老实）
④ núlì　　　（奴隶）——　nǔlì　　　（努力）
⑤ qīzi　　　（妻子）——　qízi　　　（旗子）
⑥ Shānxī　（山西）——　Shǎnxī　（陕西）　　※ピンインでは固有名詞の頭は大文字にします。
⑦ shūjià　　（书架）——　shǔjià　　（暑假）
⑧ wénzì　　（文字）——　wénzi　　（蚊子）
⑨ xiānrén　（仙人）——　xiánrén　（闲人）
⑩ yānhuī　（烟灰）——　yànhuì　（宴会）
⑪ yǎnjìng　（眼镜）——　yǎnjing　（眼睛）
⑫ yìqí　　　（一齐）——　yìqǐ　　　（一起）
⑬ yíngzi　　（蝇子）——　yǐngzi　　（影子）
⑭ yōuyì　　（优异）——　yǒuyì　　（友谊）
⑮ yóuyǒng（游泳）——　yǒuyòng（有用）
⑯ yǔyī　　　（雨衣）——　yùyī　　　（浴衣）

2. 「軽声」は軽く短く発音しましょう。

A36
① zhuōzi（桌子）　　fángzi（房子）　　yǐzi（椅子）　　bèizi（被子）
② gēge　（哥哥）　　bóbo　（伯伯）　　jiějie（姐姐）　　bàba（爸爸）

3. 「母音」に注意して発音してみましょう。

A37
① bǎozhèng（保证）——　bǎozhòng（保重）
② bìxū　　　（必须）——　bìxiū　　　（必修）
③ búgòu　　（不够）——　búguò　　（不过）
④ Héběi　　（河北）——　Húběi　　（湖北）
⑤ Hénán　　（河南）——　Húnán　　（湖南）
⑥ míngyì　　（名义）——　míngyù　　（名誉）
⑦ lùdēng　　（路灯）——　lǜdēng　　（绿灯）
⑧ rèlèi　　　（热泪）——　ròulèi　　　（肉类）

4. 「3種類の i ([i][ɿ][ʅ])」に注意して発音してみましょう。

A38
① dìtú　　（地图）　　lìyì　　（利益）　　qiānbǐ（铅笔）　　yīfu（衣服）
② zhīshi　（知识）　　chīfàn　（吃饭）　　shìjiè　（世界）
　　Rìběn　（日本）　　rìjì　　（日记）
③ zìdiǎn　（字典）　　zìjǐ　　（自己）　　cídiǎn　（词典）
　　gōngsī　（公司）　　sījī　　（司机）

5. 「-n と -ng」の違いを意識的に注意して発音してみましょう。

A39
① búdàn　　（不但）—— búdàng　　（不当）
② jīguān　　（机关）—— jīguāng　　（激光）
③ jīnyú　　（金鱼）—— jīngyú　　（鲸鱼）
④ kāifàn　　（开饭）—— kāifàng　　（开放）
⑤ rénshēn　（人参）—— rénshēng　（人生）
⑥ shānchéng（山城）—— shāngchéng（商城）

6. 「無気音と有気音」の違いに注意して発音してみましょう。

A40
① bā　　　（八）　—— pā　　　（趴）
　　bàngzi　（棒子）—— pàngzi　（胖子）
　　bùzi　　（步子）—— pùzi　　（铺子）
② dǎ　　　（打）　—— tǎ　　　（塔）
　　dǎnzi　　（胆子）—— tǎnzi　　（毯子）
　　dāngmiàn（当面）—— tāngmiàn（汤面）
③ gàn　　　（干）　—— kàn　　　（看）
　　gēpǔ　　（歌谱）—— kēpǔ　　（科普）
　　gōngqián（工钱）—— kōngqián（空前）
④ jī　　　　（鸡）　—— qī　　　（七）
　　jìnjù　　（晋剧）—— jìnqu　　（进去）
　　jiāndū　 （监督）—— qiāndū　（迁都）
⑤ zhǎo　　 （找）　—— chǎo　　（吵）
　　shìzhǎng（市长）—— shìchǎng（市场）
　　zhànzhǎng（站长）—— zhànchǎng（战场）
⑥ zāi　　　（栽）　—— cāi　　　（猜）
　　zǎotáng（澡堂）—— cǎotáng（草堂）
　　zuòcì　 （座次）—— cuòzì　　（错字）

7. 「そり舌音とそれ以外の声母」の違いに注意して発音してみましょう。

A41
① shānjiǎo （山脚） —— sānjiǎo （三角）
   shīwàng （失望） —— xīwàng （希望）
② rìzi （日子） —— lìzi （例子）
   róudào （柔道） —— lóudào （楼道）
③ zhǐchū （指出） —— jǐchū （挤出）
   zháoliáng （着凉） —— qiáoliáng （桥梁）
④ chēsuǒ （车锁） —— cèsuǒ （厕所）
   chīlì （吃力） —— jílì （极力）

8. 数を数えてみましょう。

A42
yī （一）　èr （二）　sān （三）　sì （四）　wǔ （五）
liù （六）　qī （七）　bā （八）　jiǔ （九）　shí （十）

9. 物や人を「一つ、二つ、三つ…」あるいは「一人、二人、三人…」と数えてみましょう。

A43
yí ge （一个）　liǎng ge （两个）　sān ge （三个）　sì ge （四个）
wǔ ge （五个）　liù ge （六个）　qī ge （七个）　bā ge （八个）
jiǔ ge （九个）　shí ge （十个）

■ ミニ会話 ■

A44
① Nín hǎo！（您好！）　　こんにちは！（目上に対して）
　——Nǐ hǎo！（你好！）　——こんにちは！

② Zǎoshang hǎo！（早上好！）　おはよう！
　——Nín zǎo！（您早！）　——おはようございます！（目上に対して）

③ Xièxie！（谢谢！）　ありがとう！
　——Bú kèqi！（不客气！）　——どういたしまして！

④ Duìbuqǐ！（对不起！）　すみません！
　——Méi guānxi！（没关系！）　——なんでもありません！

⑤ Zàijiàn！（再见！）　さようなら！
　——Zàijiàn！（再见！）　——さようなら！

会　話

第 **3** 课
Dì sān kè

你好！
——打招呼／问候语——
dǎ zhāohu　wènhòuyǔ
（あいさつ）

🔲 基本表現

🔊 B01　**1** A：你　好！
　　　　　　　Nǐ　hǎo!

　　　　　B：你　好！
　　　　　　　Nǐ　hǎo!

你好　こんにちは。🔊 B05
"你"（あなた）の位
置には人を表すいろ
いろな言葉が入る➡
2　**3**　など

🔊 B02　**2** A：老师　好！
　　　　　　　Lǎoshī　hǎo!

　　　　　B：你　好！
　　　　　　　Nǐ　hǎo!

老师　先生

🔊 B03　**3** A：渡边　同学　好！
　　　　　　　Dùbiān　tóngxué　hǎo!

　　　　　B：啊，王　老师　好！
　　　　　　　À, Wáng lǎoshī　hǎo!

同学　（前に名前を置
いて）〜さん；〜君；
クラスメート

啊　（気がついて）あっ

🔊 B04　**4** A：再见！
　　　　　　　Zàijiàn!

　　　　　B：再见！
　　　　　　　Zàijiàn!

再见　さようなら

1 出会ったときの一般的なあいさつ。目上の相手には"你"を"您"nín（敬称）に。
2 学生と先生が出会ったときのあいさつ。
3 相手の名前を呼んでのあいさつ。
4 別れるときの一般的なあいさつ。

3

■ 会 話

渡辺さんはレポートを提出するために、王先生の研究室に行きます。

B06

渡　边：老师，您好！
　　　　Lǎoshī, nín hǎo!

王老师：渡边 同学，你 好！
　　　　Dùbiān tóngxué, nǐ hǎo!

渡　边：这 是 我 的 报告。
　　　　Zhè shì wǒ de bàogào.

王老师：好。交给 我 吧。
　　　　Hǎo. Jiāogěi wǒ ba.

渡　边：老师，再见！
　　　　Lǎoshī, zàijiàn!

王老师：再见！
　　　　Zàijiàn!

报告　レポート　　B07

好　はい；分かりました
交给　～に渡す
吧　～しなさい（促す気持ちを表す）

関連表現

1 出会ったときのあいさつと応じ方

1) 相手により変わるあいさつ

B08
- A 您好！── 你好！　　　　　　Nín hǎo! ── Nǐ hǎo!
- B 你好！── 啊，你好！　　　　Nǐ hǎo! ── À, nǐ hǎo!
- C 老师好！／老师，您好！── 你好！／你们好！
  Lǎoshī hǎo! / Lǎoshī, nín hǎo! ── Nǐ hǎo! / Nǐmen hǎo!
- D 同学们好！／同学们，你们好！／大家好！── 老师好！
  Tóngxuémen hǎo! / Tóngxuémen, nǐmen hǎo! / Dàjiā hǎo! ── Lǎoshī hǎo!
- E 小李，你好！── 老王，您好！　Xiǎo Lǐ, nǐ hǎo! ── Lǎo Wáng, nín hǎo!
- F 阿姨好！── 小朋友们好！　　Āyí hǎo! ── Xiǎopéngyǒumen hǎo!

(ひとくち解説) 二人以上が相手のときは、"你们""同学们""大家""小朋友们"など複数を表す言葉を用います。Dの"大家好！"は指導者などが大勢の人を前に話を始めるとき、あいさつの言葉として用いることもあります。

2) 朝晩のあいさつ（おはよう；こんばんは）

B09
- G 你早！　　Nǐ zǎo!
- H 您早！　　Nín zǎo!
- I 早上好！　Zǎoshang hǎo!
- J 晚上好！　Wǎnshang hǎo!

(ひとくち解説) これらのあいさつをされた場合は基本的に同じ言葉を返します。なお、"你好！"は朝昼晩のいつでも使うことができます。その他に英語の影響を受けた表現である"下午(xiàwǔ)好！"（Good afternoon!）や"晚安！"Wǎn'ān!（Good night!）などが用いられることもあります。

3) 場面により変わるあいさつ代わりの表現と応じ方

B10
- K 吃了？／吃了吗？── 吃了。　　Chī le? / Chī le ma? ── Chī le.
- L 吃过饭了吗？── 吃过了。　　　Chīguo fàn le ma? ── Chīguo le.
- M 上课去啊？── 上课去。　　　　Shàngkè qù a? ── Shàngkè qù.
- N 出去啊？── 出去。　　　　　　Chūqù a? ── Chūqù.
- O 上班去啊？── 上班去。　　　　Shàngbān qù a? ── Shàngbān qù.
- P 上哪儿去啊？── 上课去。／上班去。
  Shàng nǎr qù a? ── Shàngkè qù. / Shàngbān qù.
- Q 回来了？── 啊，回来了。　　　Huílai le? ── À, huílai le.

ひとくち解説 いずれも尋ねる文の文頭に"你""您"、答える文の文頭に"我"を加えてもかまいません。応じ方は、Pの"上哪儿去啊？"を除き、おうむ返しに言ってもよく、会釈してうなずいたり、"嗯。"Ng.と言いながらうなずくだけでもよいのです。これらはあいさつ代わりの問答で、尋ねる側も本気で回答を求めているわけではありません。Qの"回来了"については46頁で詳しく学びます。

2 別れるときのあいさつ

B11

A	再见！	Zàijiàn!
B	一会儿见！	Yìhuǐr jiàn!
C	回头见！	Huítóu jiàn!
D	下课见！	Xiàkè jiàn!
E	晚上见！	Wǎnshang jiàn!
F	明天见！	Míngtiān jiàn!
G	下个星期见！	Xià ge xīngqī jiàn!
H	食堂见！	Shítáng jiàn!
I	图书馆见！	Túshūguǎn jiàn!
J	拜拜！	Báibái!

ひとくち解説 "再见！"のほかには、「時を表す言葉／場所を表す言葉＋"见！"」で「いついつ／どこそこで会いましょう」という意味になります。Jの"拜拜！"は英語のBye-bye!から来た外来語で、若者の間で多く用いられています。これらのあいさつをされた場合は"再见！"と言ったり、おうむ返しに同じ言葉を言えばよいのです。

■ 「関連表現」の語句

同学们　tóngxuémen　みなさん（先生が複数の学生に親しみを込めて呼びかけるときに用いる）

大家　dàjiā　みなさん；みな

小〜　Xiǎo〜　（1字の姓の年少者に対し）〜さん

老〜　Lǎo〜　（1字の姓の年長者に対し）〜さん

阿姨　āyí　おばさん（小さな子供が大人の若い女性に親しみを込めて呼びかけるときに用いる）

小朋友们　xiǎopéngyǒumen　お友達のみなさん（複数の子供に親しみを込めて呼びかけるときに用いる）

你早　nǐ zǎo　おはようございます。"你"の位置には人を表すいろいろな言葉が入る

早上　zǎoshang　朝

晚上　wǎnshang　晩；夜

下午　xiàwǔ　午後

晚安　wǎn'ān　おやすみなさい（夜別れるときのあいさつ）

吃了　chī le　食べた

吃过饭　chīguo fàn　ご飯を済ませた

上课去　shàngkè qù　授業に行く

啊　a　〜か（文末に置き疑問を表す。"吗"よりくだけた感じを与える）

出去　chūqù　出かける；外出する

上班去　shàngbān qù　出勤する；出社する

上哪儿去　shàng nǎr qù　どこへ行く

回来了　huílai le　帰ったの？；お帰りなさい；ただいま

嗯　ng　うん；ええ；はい

一会儿　yìhuǐr / yíhuìr　しばらくの間

回头　huítóu　後ほど；後で

下课　xiàkè　授業が終わる

明天　míngtiān　あした；あす

下个星期　xià ge xīngqī　来週

食堂　shítáng　（学内や社内の）食堂

拜拜　báibái　バイバイ；さようなら

3

■ 練 習

1. 下線部を入れ替えて発音しなさい。

   B13

   A <u>你好</u>！
   ① 您　　　　　② 你们　　　　③ 老师
   ④ 王老师　　　⑤ 大家　　　　⑥ 同学们

   B <u>再见</u>！
   ① 一会儿　　　② 下课　　　　③ 晚上
   ④ 明天　　　　⑤ 下个星期　　⑥ 食堂

2. 場面にふさわしい中国語を言いなさい。

   例　A：你好！──B：您好！
   ① 隣の席の人とあいさつを交わす。　　　　　　　　＿＿＿＿＿＿＿＿

   ② 授業の前に先生と学生があいさつを交わす。　　　＿＿＿＿＿＿＿＿

   ③ 学生どうしが別れるときのあいさつを交わす。　　＿＿＿＿＿＿＿＿

   ④ 授業後、学生どうしが、ひとまず別れるときのあいさつを交わす。
   　　　　　　　　　　　　　　　　　　　　　　　　＿＿＿＿＿＿＿＿

   ⑤ 先生と学生が出会ってあいさつを交わす。　　　　＿＿＿＿＿＿＿＿

   ⑥ 朝、目上の人とあいさつを交わす。　　　　　　　＿＿＿＿＿＿＿＿

   ⑦ 夜、知人とあいさつを交わす。　　　　　　　　　＿＿＿＿＿＿＿＿

   ⑧ 学生どうしが食堂で会おうとあいさつを交わす。　＿＿＿＿＿＿＿＿

3. 対話文を完成させなさい。

   ① A：渡边同学，早上好！　──B：＿＿＿＿＿＿＿＿＿＿

   ② A：老师，再见！　　　　──B：＿＿＿＿＿＿＿＿＿＿

   ③ A：老师，这是我的报告。──B：＿＿＿＿＿＿＿＿＿＿

   ④ A：上课去啊？　　　　　──B：＿＿＿＿＿＿＿＿＿＿

   ⑤ A：图书馆见！　　　　　──B：＿＿＿＿＿＿＿＿＿＿

   ⑥ A：拜拜！　　　　　　　──B：＿＿＿＿＿＿＿＿＿＿

4．中国語で言いなさい。

① こんにちは。　＿＿＿＿＿＿＿＿＿＿＿＿＿＿＿＿＿＿＿＿＿

② おはようございます。　＿＿＿＿＿＿＿＿＿＿＿＿＿＿＿＿

③ こんばんは。　＿＿＿＿＿＿＿＿＿＿＿＿＿＿＿＿＿＿＿＿

④ また来週会いましょう。　＿＿＿＿＿＿＿＿＿＿＿＿＿＿＿

⑤ また後で会いましょう。　＿＿＿＿＿＿＿＿＿＿＿＿＿＿＿

⑥ 図書館で会いましょう。　＿＿＿＿＿＿＿＿＿＿＿＿＿＿＿

5．中国語を聞いて、その意味を日本語で書きなさい。

B14

① ＿＿＿＿＿＿＿＿＿＿＿＿＿＿＿＿＿＿＿＿＿＿＿＿＿＿＿

② ＿＿＿＿＿＿＿＿＿＿＿＿＿＿＿＿＿＿＿＿＿＿＿＿＿＿＿

③ ＿＿＿＿＿＿＿＿＿＿＿＿＿＿＿＿＿＿＿＿＿＿＿＿＿＿＿

④ ＿＿＿＿＿＿＿＿＿＿＿＿＿＿＿＿＿＿＿＿＿＿＿＿＿＿＿

⑤ ＿＿＿＿＿＿＿＿＿＿＿＿＿＿＿＿＿＿＿＿＿＿＿＿＿＿＿

⑥ ＿＿＿＿＿＿＿＿＿＿＿＿＿＿＿＿＿＿＿＿＿＿＿＿＿＿＿

6．文を完成させなさい。

① ＿＿＿＿＿＿＿＿好！

② ＿＿＿＿＿＿＿＿见！

③ 这是我的＿＿＿＿＿＿。

第 4 课 你身体怎么样？
Dì sì kè
——问安——
wèn'ān
（気遣い；思いやり）

基本表現

B15　**1** A：好久 没 见， 您 好 吗？
　　　　　Hǎojiǔ méi jiàn, nín hǎo ma?

　　　B：很 好。谢谢！
　　　　　Hěn hǎo. Xièxie!

好久没见　お久しぶりです　B19
好　元気である；健康である
很好　元気です

B16　**2** A：你 身体 怎么样？
　　　　　Nǐ shēntǐ zěnmeyàng?

　　　B：还 可以。
　　　　　Hái kěyǐ.

身体　体
怎么样　どうですか
还可以　まあまあです；まずまずです
忙　忙しい
吧　～でしょう（推量を表す）

B17　**3** A：最近 学习 忙 吧？
　　　　　Zuìjìn xuéxí máng ba?

　　　B：有点儿 忙。你 呢？
　　　　　Yǒudiǎnr máng. Nǐ ne?

有点儿　（どうも）少し
呢　～は？（人や物の後ろに置き、その人や物がどうであるかを聞く）

B18　**4** A：代 我 问 她 好！
　　　　　Dài wǒ wèn tā hǎo!

　　　B：我 会 的。
　　　　　Wǒ huì de.

代　～に代わって
问～好　～によろしく言う；～のご機嫌をうかがう
我会的　必ず（ここでは「伝えます」という意味）

1 近況を気遣う表現と応じ方。
2 健康を気遣う表現と応じ方。
3 学生への近況の尋ね方と答え方。
4 第三者へのあいさつ依頼。

会　話

留学生の李偉君はかつて中国で日本語を教わった高橋先生を訪ね、近況を尋ねます。

李伟： 高桥 老师，好久 没 见，您 身体 好 吧？
　　　 Gāoqiáo lǎoshī, hǎojiǔ méi jiàn, nín shēntǐ hǎo ba?

高桥老师： 我 很 好。谢谢！你 呢？
　　　　　 Wǒ hěn hǎo. Xièxie! Nǐ ne?

李伟： 我 也 很 好。谢谢 您！
　　　 Wǒ yě hěn hǎo. Xièxie nín!

高桥老师： 对了，刘 红 同学 怎么样？
　　　　　 Duìle, Liú Hóng tóngxué zěnmeyàng?

对了 ところで；そう
そう：そうだ

李伟： 她 也 很 好，她 也 要 来 日本 留学 了。
　　　 Tā yě hěn hǎo, tā yě yào lái Rìběn liúxué le.

要〜了 間もなく〜する；〜しそうだ

高桥老师： 请 代 我 问 她 好！
　　　　　 Qǐng dài wǒ wèn tā hǎo!

请 （どうぞ）〜してください

李伟： 我 会 的。再见！
　　　 Wǒ huì de. Zàijiàn!

4

■ 関連表現

1 気遣い・思いやりを表す表現と応じ方

B22
- A 你好吗？／您好吗？——很好，谢谢！／我很好，谢谢！
  Nǐ hǎo ma? / Nín hǎo ma? —— Hěn hǎo, xièxie! / Wǒ hěn hǎo, xièxie!
- B 李伟好吗？——他也很好。　　Lǐ Wěi hǎo ma? —— Tā yě hěn hǎo.
- C 大家都好吗？——都很好。　　Dàjiā dōu hǎo ma? —— Dōu hěn hǎo.
- D 家里人都好吗？——都好，谢谢！　Jiālirén dōu hǎo ma? —— Dōu hǎo, xièxie!
- E 王老师呢？他也好吗？——他也很好。他让我问你好。
  Wáng lǎoshī ne? Tā yě hǎo ma? —— Tā yě hěn hǎo. Tā ràng wǒ wèn nǐ hǎo.
- F 你近来开心吗？——还可以。／还好。
  Nǐ jìnlái kāixīn ma? —— Hái kěyǐ. / Hái hǎo.
- G 最近怎么样？——马马虎虎吧。／没有什么变化。
  Zuìjìn zěnmeyàng? —— Mǎmahūhū ba. / Méiyǒu shénme biànhuà.
- H 一切都顺利吗？——托您的福，一切顺利。
  Yíqiè dōu shùnlì ma? —— Tuō nín de fú, yíqiè shùnlì.

（ひとくち解説）相手やその関係者のことを尋ねることにより、自分の気遣い思いやる気持ちを伝えることは中国人が大切にすることです。応じ方には特定の表現があるわけではありませんが、必要により"谢谢"を添えて感謝の気持ちを返すことができます。Hの"托您的福"は"托福，托福"とも言います。

2 相手に関わりのあることについての尋ね方と答え方

B23
- A 身体怎么样？——身体很好。谢谢！／身体还算结实。
  Shēntǐ zěnmeyàng? —— Shēntǐ hěn hǎo. Xièxie! / Shēntǐ hái suàn jiēshi.
- B 最近身体如何？——还行吧。挺好的。
  Zuìjìn shēntǐ rúhé? —— Hái xíng ba. Tǐng hǎo de.
- C 学习忙吗？——很忙。／有点儿忙。
  Xuéxí máng ma? —— Hěn máng. / Yǒudiǎnr máng.
- D 学习紧张吗？——挺紧张的。　　Xuéxí jǐnzhāng ma? —— Tǐng jǐnzhāng de.
- E 作业多不多？——很多。／挺多的。／不多。／不太多。
  Zuòyè duō bu duō? —— Hěn duō. / Tǐng duō de. / Bù duō. / Bú tài duō.
- F 最近忙吗？——不太忙。／每天真的很忙。
  Zuìjìn máng ma? —— Bú tài máng. / Měitiān zhēnde hěn máng.
- G 工作忙不忙？——不忙。／不怎么忙。
  Gōngzuò máng bu máng? —— Bù máng. / Bù zěnme máng.

H 打工累不累？——还可以。　　　Dǎgōng lèi bu lèi? —— Hái kěyǐ.

(ひとくち解説) 勉強や仕事のことなどを取り上げて尋ねることも、気遣い・思いやりの一つの表現だと考えることができるでしょう。

3 第三者へのあいさつ依頼と応じ方

B24
A 请代我问老师好！—— 好。　　　Qǐng dài wǒ wèn lǎoshī hǎo! —— Hǎo.
B 请代我问你爱人好！—— 好的。　Qǐng dài wǒ wèn nǐ àiren hǎo! —— Hǎo de.
C 请代我问全家好！—— 我会的。　Qǐng dài wǒ wèn quánjiā hǎo! —— Wǒ huì de.

(ひとくち解説) 応じ方は"好。""好的。""我会的。"のいずれを用いてもかまいません。"好的。"は女性が多く用います。

B25

■「関連表現」の語句
家里人　jiālirén　家の人；家族
让　ràng　～に…するよう言う；～に…させる
近来　jìnlái　近頃
开心　kāixīn　（悩みなどなく）うまくいっている；思いどおりにいっている
还好　hái hǎo　まずまずいいです
马马虎虎　mǎmahūhū　まあまあです
没有什么变化　méiyǒu shénme biànhuà　相変わらずです（←何の変化もない）
一切　yíqiè　すべて
顺利　shùnlì　順調である；変わりがない
托您的福　tuō nín de fú　おかげさまで
托福，托福　tuō fú, tuō fú　おかげさまで
还算　hái suàn　まあ～のほうだ（と言える）；まずまず～のほうだ（と見なせる）
结实　jiēshi　丈夫である

如何　rúhé　いかがですか
还行　hái xíng　まあ大丈夫です
很　hěn　とても；たいへん
紧张　jǐnzhāng　（余裕がないくらい）忙しい
挺～的　tǐng～de　とっても～だ
作业　zuòyè　宿題
不太　bú tài　あまり～ない
每天　měitiān　毎日
真的　zhēnde　本当に
工作　gōngzuò　仕事
不怎么　bù zěnme　それほど～ではありません
打工　dǎgōng　アルバイト
累　lèi　疲れる
爱人　àiren　奥さん；ご主人
好的　hǎo de　分かりました
全家　quánjiā　一家の人たち

4

■ 練　習

1．下線部を入れ替えて発音しなさい。

B26

　　A　你好吗？
　　① 身体好　　　　② 打工累　　　　③ 工作忙
　　④ 作业多　　　　⑤ 家里人好　　　⑥ 学习忙

　　B　代我问老师好！
　　① 渡边同学　　　② 王老师　　　　③ 李伟
　　④ 你爱人　　　　⑤ 刘红同学　　　⑥ 你家里人

2．場面にふさわしい中国語を言いなさい。

　　① このごろ忙しいか尋ねる。　＿＿＿＿＿＿＿＿＿＿＿＿＿＿
　　② 目上の人に元気か尋ねる。　＿＿＿＿＿＿＿＿＿＿＿＿＿＿
　　③ 勉強で疲れるか尋ねる。　　＿＿＿＿＿＿＿＿＿＿＿＿＿＿
　　④ このごろどうか尋ねる。　　＿＿＿＿＿＿＿＿＿＿＿＿＿＿
　　⑤ 宿題が多いか尋ねる。　　　＿＿＿＿＿＿＿＿＿＿＿＿＿＿
　　⑥ 家族は元気か尋ねる。　　　＿＿＿＿＿＿＿＿＿＿＿＿＿＿
　　⑦ クラスメートの李偉君はこのごろ元気か尋ねる。
　　　　＿＿＿＿＿＿＿＿＿＿＿＿＿＿＿＿＿＿＿＿＿＿＿＿＿＿
　　⑧ すべて順調か尋ねる。　　　＿＿＿＿＿＿＿＿＿＿＿＿＿＿

3．対話文を完成させなさい。

　　① A：＿＿＿＿＿＿＿＿＿＿＿＿＿＿＿——B：我很好。谢谢！
　　② A：学习累不累？　　　　　　　——B：＿＿＿＿＿＿＿＿＿＿
　　③ A：你身体怎么样？　　　　　　——B：＿＿＿＿＿＿＿＿＿＿
　　④ A：请代我问她好！　　　　　　——B：＿＿＿＿＿＿＿＿＿＿
　　⑤ A：＿＿＿＿＿＿＿＿＿＿＿＿＿——B：有点儿忙。你呢？
　　⑥ A：＿＿＿＿＿＿＿＿＿＿＿＿＿——B：她也很好。

35

4．中国語で言いなさい。

① お久しぶりです。　＿＿＿＿＿＿＿＿＿＿＿＿＿＿＿＿＿＿

② 私は元気です。あなたは？　＿＿＿＿＿＿＿＿＿＿＿＿＿＿＿＿＿＿

③ このごろ勉強が少し忙しいです。　＿＿＿＿＿＿＿＿＿＿＿＿＿＿＿＿＿＿

④ 王先生によろしくお伝えください。　＿＿＿＿＿＿＿＿＿＿＿＿＿＿＿＿＿＿

⑤ 分かりました。　＿＿＿＿＿＿＿＿＿＿＿＿＿＿＿＿＿＿

⑥ おかげさまで、すべて順調です。　＿＿＿＿＿＿＿＿＿＿＿＿＿＿＿＿＿＿

5．中国語を聞いて、その意味を日本語で書きなさい。

🔊 B27

① ＿＿＿＿＿＿＿＿＿＿＿＿＿＿＿＿＿＿＿＿＿＿＿＿＿＿＿＿

② ＿＿＿＿＿＿＿＿＿＿＿＿＿＿＿＿＿＿＿＿＿＿＿＿＿＿＿＿

③ ＿＿＿＿＿＿＿＿＿＿＿＿＿＿＿＿＿＿＿＿＿＿＿＿＿＿＿＿

④ ＿＿＿＿＿＿＿＿＿＿＿＿＿＿＿＿＿＿＿＿＿＿＿＿＿＿＿＿

⑤ ＿＿＿＿＿＿＿＿＿＿＿＿＿＿＿＿＿＿＿＿＿＿＿＿＿＿＿＿

⑥ ＿＿＿＿＿＿＿＿＿＿＿＿＿＿＿＿＿＿＿＿＿＿＿＿＿＿＿＿

6．文を完成させなさい。

① ＿＿＿＿＿＿＿＿＿＿好吗？

② ＿＿＿＿＿＿＿＿＿＿忙不忙？

③ ＿＿＿＿＿＿＿＿＿＿累不累？

④ ＿＿＿＿＿＿＿＿＿＿都好吗？

⑤ ＿＿＿＿＿＿＿＿＿＿怎么样？

⑥ ＿＿＿＿＿＿＿＿＿＿顺利吗？

⑦ ＿＿＿＿＿＿＿＿＿＿也好吗？

⑧ 请代我问＿＿＿＿＿＿好！

第 5 课
Dì wǔ kè

我叫渡边真理。
── 自我介绍 ──
ziwǒ jièshào
（自己紹介）

基本表現

B28 **1** A：你 姓 什么？
　　　　　Nǐ xìng shénme?

　　　B：我 姓 李。
　　　　　Wǒ xìng Lǐ.

姓　〜を姓とする　　B32
什么　何：どんな

B29 **2** A：你 叫 什么 名字？
　　　　　Nǐ jiào shénme míngzi?

　　　B：我 叫 李 伟。
　　　　　Wǒ jiào Lǐ Wěi.

叫　（姓や名を）〜と
　　いう；〜と呼ぶ；…
　　を〜と呼ぶ
名字　名前

B30 **3** A：你 是 哪 国 人？
　　　　　Nǐ shì něi guó rén?

　　　B：我 是 中国人。
　　　　　Wǒ shì Zhōngguórén.

哪国人　どちらの国の
　　人

B31 **4** A：认识 你 很 高兴。
　　　　　Rènshi nǐ hěn gāoxìng.

　　　B：请 多 关照！
　　　　　Qǐng duō guānzhào!

认识　〜と知り合う
高兴　うれしい
多　なにとぞ：なにぶ
　　ん（"多多"とも言う）
关照　面倒を見る；世
　　話をする

1 姓の尋ね方と答え方。
2 名前の尋ね方と答え方。
3 国籍の尋ね方と答え方。
4 初対面のあいさつ。

会 话

李偉君は高橋先生の授業に出席することになりました。高橋先生は
渡辺さんに李偉君を紹介して面倒を見てもらうことにしました。

B33 高桥老师：渡边 同学，我 来 介绍 一下。这 位 是 李
　　　　　　Dùbiān tóngxué, wǒ lái jièshào yíxià. Zhèi wèi shì Lǐ

　　　　　　伟 同学，是 新 来 的 留学生。
　　　　　　Wěi tóngxué, shì xīn lái de liúxuéshēng.

来	～しましょう（積極性を表す）	B34

介绍　紹介する
一下　ちょっと；少し
这位　この方
新来　新しく来た

渡边：李 伟 同学，你 好！我 姓 渡边，叫 渡边
　　　Lǐ Wěi tóngxué, nǐ hǎo! Wǒ xìng Dùbiān, jiào Dùbiān

　　　真理。
　　　Zhēnlǐ.

李伟：我 是 李 伟。你 好！请 多 关照！
　　　Wǒ shì Lǐ Wěi. Nǐ hǎo! Qǐng duō guānzhào!

渡边：认识 你 很 高兴。
　　　Rènshi nǐ hěn gāoxìng.

高桥老师：渡边 同学，请 你 给 他 介绍 一下 班里 的
　　　　　Dùbiān tóngxué, qǐng nǐ gěi tā jièshào yíxià bānli de

　　　　　情况，好 吗？
　　　　　qíngkuàng, hǎo ma?

给　～に；～のために
班里　クラスの中

情况　状況
好吗　よいですか

渡边：好 的。
　　　Hǎo de.

38

■ 関連表現

1 自己紹介

B35

A	我姓李，叫李伟。	Wǒ xìng Lǐ, jiào Lǐ Wěi.
B	我姓李，名字叫李伟。	Wǒ xìng Lǐ, míngzi jiào Lǐ Wěi.
C	我的名字叫李伟。	Wǒ de míngzi jiào Lǐ Wěi.
D	我是李伟。	Wǒ shì Lǐ Wěi.
E	我是东西大学经济学部二年级的学生。	
	Wǒ shì Dōngxī dàxué jīngjì xuébù èr niánjí de xuésheng.	
F	我是大二的学生。	Wǒ shì dà èr de xuésheng.
G	我今年二年级。	Wǒ jīnnián èr niánjí.
H	我今年读大学二年级。	Wǒ jīnnián dú dàxué èr niánjí.
I	我是中国留学生。	Wǒ shì Zhōngguó liúxuéshēng.
J	我是大阪人。	Wǒ shì Dàbǎnrén.
K	我来自中国北京。	Wǒ láizì Zhōngguó Běijīng.

(ひとくち解説) "姓"の後ろには「姓」のみが置けます。"叫""是"の後ろには「姓＋名前」か「2字以上の姓か2字以上の名前」が置けます。Kの"来自"の後ろには出身地などの場所を置き、「〜から来た」を表します。

2 姓や名前、呼び方の尋ね方と答え方

B36

A	你姓什么？——我姓渡边。	Nǐ xìng shénme? —— Wǒ xìng Dùbiān.
B	您贵姓？——我姓渡边。	Nín guìxìng? —— Wǒ xìng Dùbiān.
C	您贵姓？——免贵姓王。	Nín guìxìng? —— Miǎnguì xìng Wáng.
D	你叫什么名字？——我叫渡边真理。	
	Nǐ jiào shénme míngzi? —— Wǒ jiào Dùbiān Zhēnlǐ.	
E	我怎么称呼你？——请你叫我小王。	
	Wǒ zěnme chēnghu nǐ? —— Qǐng nǐ jiào wǒ Xiǎo Wáng.	

(ひとくち解説) B、Cの"您贵姓？"は目上の相手の姓を尋ねるときの決まり文句です。答えるには"我姓〜。"と言えばよいのですが、Cのように"免贵姓〜。"と言うこともあります。姓を尋ねたうえで名前も尋ねたい場合は、"名字呢？"や"叫什么名字？"などと続けます。それらへは名前だけの"真理。"や"名字叫真理。"と答えればよいでしょう。Eの"叫"は「…を〜と呼ぶ」です。両者が初対面の場合は、このあと"认识你很高兴。""请多（／多多）关照。"などのあいさつが交わされます。

3 国籍や出身地の尋ね方と答え方

B37
- A 你是哪国人？——我是日本人。　　Nǐ shì něi guó rén? —— Wǒ shì Rìběnrén.
- B 你是哪儿的人？——我是东京人。/我是北海道人。/我是兵库县人。/我是上海人。
  Nǐ shǐ nǎr de rén? —— Wǒ shì Dōngjīngrén. / Wǒ shì Běihǎidàorén. / Wǒ shì Bīngkùxiànrén. / Wǒ shì Shànghǎirén.
- C 你从哪儿来？——我从北京来。　　Nǐ cóng nǎr lái? —— Wǒ cóng Běijīng lái.
- D 你来自哪儿？——我来自香港。　　Nǐ láizì nǎr? —— Wǒ láizì Xiānggǎng.

> ひとくち解説　答え方は、A、Bでは"日本人。"や"东京人。"などと、C、Dでは"北京。"や"香港。"などと簡単に言うこともできます。"哪儿"は"哪里"nǎli とも言います。

4 年齢の尋ね方と答え方

1）対象が小さな子どもの場合

B38
- A 几岁了？——三岁。　　Jǐ suì le? —— Sān suì.
- B 你几岁了？——五岁。　　Nǐ jǐ suì le? —— Wǔ suì.
- C 他多大了？——他六岁。　　Tā duō dà le? —— Tā liù suì.

2）対象が若い人の場合

B39
- D 你十几岁了？——十九了。　　Nǐ shí jǐ suì le? —— Shíjiǔ le.
- E 她今年十几岁？——她十九岁。　　Tā jīnnián shí jǐ suì? —— Tā shíjiǔ suì.
- F 你二十几岁了？——我二十一岁了。　　Nǐ èrshi jǐ suì le? —— Wǒ èrshiyī suì le.
- G 李伟今年二十几岁？——他今年二十一岁。
  Lǐ Wěi jīnnián èrshi jǐ suì? —— Tā jīnnián èrshiyī suì.
- H 你今年多大了？——十九岁了。　　Nǐ jīnnián duō dà le? —— Shíjiǔ suì le.
- I 你今年多大？——十九岁。　　Nǐ jīnnián duō dà? —— Shíjiǔ suì.

3）対象が中高年の人の場合

B40
- J 您今年多大岁数了？——五十二了。　　Nín jīnnián duō dà suìshu le? —— Wǔshí'èr le.
- K 他多大年纪了？——他五十六了。　　Tā duō dà niánjì le? —— Tā wǔshiliù le.
- L 您老高龄？——我八十八了。　　Nín lǎo gāolíng? —— Wǒ bāshibā le.

> ひとくち解説　子どもに年齢を尋ねることは、親しみをもって子どもに声をかけることになります。文末に"了"を加えると「～になる」という気持ちが加わります。Jの"岁数"とKの"年纪"はどちらを用いてもかまいません。答え方は10歳までは"三岁。"のように"岁"をつけます。それ以上の年齢では"岁"は省略可能で、例えば「19歳です。」を"十九。"のように言うことができますが、ややぶっきらぼうな感じを与えるので、"岁""了""岁了"

のいずれかを加えたほうがよいでしょう。自分の年齢を尋ねられて答える場合、主語の"我"や"今年"などは言っても言わなくてもかまいません。Ｌの"您老高龄？"は高齢の相手への尋ね方で、"您老高寿(gāoshòu)？"とも言います。

■「関連表現」の語句

东西　Dōngxī　東西（ここでは架空の名称）
年级　niánjí　～年（学年）
大二　dà èr　大学2年生
读　dú　勉強する；学ぶ
来自　láizì　～から来た
贵姓　guìxìng　ご名字（相手の姓を敬って言う）
免贵　miǎnguì　"贵"などとご丁寧なお言葉は無用に願います
怎么　zěnme　どう；どのように
称呼　chēnghu　～と呼ぶ
哪儿人　nǎr rén　（出身地が）どちらの人
从　cóng　～から；～を
哪儿　nǎr　どこ
哪里　nǎli　どこ
几　jǐ　いくつ（10未満の数を想定して用いる）
岁　suì　～歳
了　le　～になる
多大　duō dà　何歳（の）；どのくらい（の）
岁数　suìshu　年齢
年纪　niánjì　年齢
您老　nín lǎo　あなたさま（年配者に対しての敬称）
高龄　gāolíng　お年寄りの年齢（年齢を敬って言う）
高寿　gāoshòu　お年寄りの年齢（年齢を敬って言う）

練 習

1. 下線部を入れ替えて発音しなさい。

   🔊 B42

   A 我是日本人。
   ① 他　中国人　　② 高桥　日本人　　③ 她　东京人
   ④ 王老师　北京人　⑤ 他　上海人　　⑥ 我　大阪人

   B 请你叫我小王。
   ① 我渡边　　　② 我小李　　　　③ 我王老师
   ④ 我真理　　　⑤ 她高桥老师　　⑥ 他李伟

2. 場面にふさわしい中国語を言いなさい。

   ① 姓を尋ねる。　　　　　　　　　_____

   ② 名前を尋ねる。　　　　　　　　_____

   ③ 出身地を尋ねる。　　　　　　　_____

   ④ 年齢を尋ねる。　　　　　　　　_____

   ⑤ どう呼びかければよいか尋ねる。_____

   ⑥ 何年生の学生か尋ねる。　　　　_____

3. 対話文を完成させなさい。

   ① A：你姓什么？　　　　　　　——B：_____

   ② A：你叫什么名字？　　　　　——B：_____

   ③ A：_____——B：我今年十九岁。

   ④ A：_____——B：我是大阪人。

   ⑤ A：你们老师姓什么？　　　　——B：_____

   ⑥ A：认识您很高兴。　　　　　——B：_____

4．中国語で言いなさい。

① 私は李偉です。　　　　　　　　＿＿＿＿＿＿＿＿＿＿＿＿＿＿＿＿＿

② 北京から来ました。　　　　　　＿＿＿＿＿＿＿＿＿＿＿＿＿＿＿＿＿

③ 渡辺と呼んでください。　　　　＿＿＿＿＿＿＿＿＿＿＿＿＿＿＿＿＿

④ 私は中国人留学生です。　　　　＿＿＿＿＿＿＿＿＿＿＿＿＿＿＿＿＿

⑤ お会いしてうれしいです。　　　＿＿＿＿＿＿＿＿＿＿＿＿＿＿＿＿＿

⑥ なにとぞよろしくお願いします。＿＿＿＿＿＿＿＿＿＿＿＿＿＿＿＿＿

5．中国語を聞いて、その意味を日本語で書きなさい。

B43

① ＿＿＿＿＿＿＿＿＿＿＿＿＿＿＿＿＿＿＿＿＿＿＿＿＿＿＿＿＿＿＿＿＿

② ＿＿＿＿＿＿＿＿＿＿＿＿＿＿＿＿＿＿＿＿＿＿＿＿＿＿＿＿＿＿＿＿＿

③ ＿＿＿＿＿＿＿＿＿＿＿＿＿＿＿＿＿＿＿＿＿＿＿＿＿＿＿＿＿＿＿＿＿

④ ＿＿＿＿＿＿＿＿＿＿＿＿＿＿＿＿＿＿＿＿＿＿＿＿＿＿＿＿＿＿＿＿＿

⑤ ＿＿＿＿＿＿＿＿＿＿＿＿＿＿＿＿＿＿＿＿＿＿＿＿＿＿＿＿＿＿＿＿＿

⑥ ＿＿＿＿＿＿＿＿＿＿＿＿＿＿＿＿＿＿＿＿＿＿＿＿＿＿＿＿＿＿＿＿＿

6．文を完成させなさい。

① 我姓＿＿＿＿＿＿＿＿。

② 我叫＿＿＿＿＿＿＿＿。

③ 我来自＿＿＿＿＿＿＿。

④ 我是＿＿＿＿＿＿＿人。

⑤ 我今年＿＿＿＿＿＿岁。

⑥ 请叫我＿＿＿＿＿＿＿。

⑦ 我是＿＿＿＿＿学生。

⑧ 这位是＿＿＿＿同学。

第 6 课 Dì liù kè

欢迎你来日本！
——迎接，慰劳，求人——
yíngjiē wèiláo qiúrén
（出迎え、ねぎらい、依頼）

🔲 基本表現

B44 ① A：欢迎　你　来　日本！
　　　　　　Huānyíng nǐ lái Rìběn!

　　　 B：谢谢　你　来　接　我。给　你　添　麻烦　了！
　　　　　　Xièxie nǐ lái jiē wǒ. Gěi nǐ tiān máfan le!

B45 ② A：路上　辛苦　了！
　　　　　　Lùshang xīnkǔ le!

　　　 B：不　辛苦。谢谢　你　的　关心。
　　　　　　Bù xīnkǔ. Xièxie nǐ de guānxīn.

B46 ③ A：你　累　了　吧？
　　　　　　Nǐ lèi le ba?

　　　 B：一点儿　也　不　累。
　　　　　　Yìdiǎnr yě bú lèi.

B47 ④ A：麻烦　你　帮　我　拿　一下　行李，好　吗？
　　　　　　Máfan nǐ bāng wǒ ná yíxià xíngli, hǎo ma?

　　　 B：好。没　问题。
　　　　　　Hǎo. Méi wèntí.

B48
欢迎　ようこそ；歓迎する
接　出迎える；迎える
给你　あなたに～してしまう
添麻烦　面倒をかける
路上　道中
辛苦　つらい；骨が折れる
关心　気遣い

一点儿也不　少しも～でない
麻烦　面倒をかける；煩わす
帮　手伝う；手助けする
拿　持つ
行李　荷物
没问题　大丈夫です；問題ありません

---

① 出迎えの場でのあいさつ。
② ③ ねぎらいの表現と応じ方。
④ 依頼の表現と応じ方。

6

会 話

渡辺さんと李偉君は留学で来日する劉紅さんを空港で迎えます。

渡边：都 两 点 半 了，刘 红 该 出 来 了 吧？
Dōu liǎng diǎn bàn le, Liú Hóng gāi chūlai le ba?

李伟：啊，你 看！在 那儿 呢。出 来 了。
À, nǐ kàn! Zài nàr ne. Chūlai le.

刘 红，路上 辛苦 了！你 累 了 吧？
Liú Hóng, lùshang xīnkǔ le! Nǐ lèi le ba?

刘红：一点儿 也 不 累。
Yìdiǎnr yě bú lèi.

渡边：你 好！（握手しながら）我 是 李 伟 的 同学，
Nǐ hǎo! Wǒ shì Lǐ Wěi de tóngxué,

渡边。欢迎 你 来 日本。
Dùbiān. Huānyíng nǐ lái Rìběn.

刘红：谢谢 你 来 接 我。
Xièxie nǐ lái jiē wǒ.

李伟：路上 都 顺利 吧？
Lùshang dōu shùnlì ba?

刘红：还 好。飞机 准时 到 了。
Hái hǎo. Fēijī zhǔnshí dào le.

麻烦 你 帮 我 拿 一下 行李，好 吗？
Máfan nǐ bāng wǒ ná yíxià xíngli, hǎo ma?

李伟：好。没 问题。
Hǎo. Méi wèntí.

都～了 （いつの間にか）もう～だ
两点半 2時半；2時30分
该～了 ～のはずである
出来 出てくる
你看 ほら；見て
呢 ～ですよ（文末に置き、状況を聞き手に確認させようとする）

飞机 飛行機
准时 定刻に；時間どおりに
到 着く；到着する

関連表現

1 人を迎えるときの表現

1）歓迎する場合

B51
A　欢迎你！　　　　　　　　　Huānyíng nǐ!
B　欢迎王老师！　　　　　　　Huānyíng Wáng lǎoshī!
C　欢迎你们来我校访问！　　　Huānyíng nǐmen lái wǒ xiào fǎngwèn!
D　欢迎欢迎！　　　　　　　　Huānyíng huānyíng!
E　热烈欢迎！　　　　　　　　Rèliè huānyíng!
F　热烈欢迎日本代表团来我们公司参观！
　　Rèliè huānyíng Rìběn dàibiǎotuán lái wǒmen gōngsī cānguān!
G　欢迎光临！　　　　　　　　Huānyíng guānglín!

2）帰ってきた人を迎える場合

B52
H　回来了！　　　　　　　　　Huílai le!
I　你回来了！　　　　　　　　Nǐ huílai le!
J　爸爸，你回来了！　　　　　Bàba, nǐ huílai le!

> [ひとくち解説] 人を歓迎するのに用いる"欢迎"にはいくつかの用法があります。A、Bのように歓迎する相手を後ろに置くもの。Cのように相手の行動を後ろに置くもの。Dのように重ねるもの。Eは連呼して個人や代表団を迎えるときなどに多く用いられます。相手の行動を後ろに置くFの"热烈欢迎～"は垂れ幕など文字で記したものも多く見られます。Gはサービス業で顧客を招き入れるときに用いられます。なお、"欢迎"を用いず、"你好，你好！"などと言いながら握手で迎えることもあります。
> 　歓迎されるほうは、"你好！""谢谢你特意(tèyì)来接我。"など、初対面であれば"认识你很高兴。""请多（／多多）关照！"（→37頁[4]）などと言います。
> 　H、Iの前にはJのように呼びかけの呼称を置くこともあります。帰ってきた人は"（我）回来了！"と言います。こちらも呼称を前に置くこともあります。"（我）回来了！——（你）回来了！"という順のやり取りになることももちろんあります。

2 長旅をしてきた人へのねぎらいの表現と応じ方

B53
A　你累了吧？——一点儿也不累。／我不累。
　　Nǐ lèi le ba? —— Yìdiǎnr yě bú lèi. / Wǒ bú lèi.
B　路上辛苦了！——不辛苦。　Lùshang xīnkǔ le! —— Bù xīnkǔ.
C　路上顺利吧？——很顺利。／还好，挺顺利的。
　　Lùshang shùnlì ba? —— Hěn shùnlì. / Hái hǎo, tǐng shùnlì de.

D 坐下歇一会儿吧！—— 好。谢谢！/ 我不累。
　　Zuòxia xiē yìhuǐr ba! —— Hǎo. Xièxie! / Wǒ bú lèi.

> ひとくち解説　ねぎらわれたほうは、「疲れていない」「何でもない」「順調だった」などの応じ方をすることで感謝を表すことができます。

3　依頼の表現

1) 知人にお願いする場合

B54
A 晚上，请给我打个电话！　　　　Wǎnshang, qǐng gěi wǒ dǎ ge diànhuà!
B 请代我问你父亲好！　　　　　　Qǐng dài wǒ wèn nǐ fùqin hǎo!
C 麻烦你来一下！　　　　　　　　Máfan nǐ lái yíxià!
D 麻烦你替我给他打个电话！　　　Máfan nǐ tì wǒ gěi tā dǎ ge diànhuà!
E 拜托你帮我办一件事！　　　　　Bàituō nǐ bāng wǒ bàn yí jiàn shì!
F 拜托了！　　　　　　　　　　　Bàituō le!
G 那就拜托你了！　　　　　　　　Nà jiù bàituō nǐ le!

2) 近くの人にお願いする場合

B55
H 劳驾，让我过去。　　　　　　　Láojià, ràng wǒ guòqu.
I 劳您驾，把那本书递给我。　　　Láo nín jià, bǎ nèi běn shū dìgěi wǒ.
J 麻烦您帮我照张相，可以吗？　　Máfan nín bāng wǒ zhào zhāng xiàng, kěyǐ ma?

> ひとくち解説　知人にお願いごとをするにはA、Bのように"请～"、C、Dのように"麻烦你～"、E-Gのように"拜托(你)～"などを用います。いずれも末尾に"好吗？""可以吗？""行吗？"などを加えると、より丁寧になります。頼まれて承諾する場合、簡単には"好。""好的。""可以。""行。"（➡92頁）などと答えます。
> 　近くの人にちょっとした何かをお願いするにはH、Iのように"劳驾～""劳您驾～"が多く用いられますが、Jのように"麻烦您～"も用いられます。

■「関連表現」の語句

我校　wǒ xiào　私たちの学校
热烈　rèliè　心を込めて
公司　gōngsī　会社
参观　cānguān　見学する
光临　guānglín　おいでいただく；ご光臨をたまわる
特意　tèyì　わざわざ；特別に
坐下　zuòxia　座る；腰かける
歇　xiē　休む
打个电话　dǎ ge diànhuà　ちょっと電話をかける
替　tì　〜に代わって
拜托　bàituō　お願いする；頼む
办　bàn　する；やる
一件事　yí jiàn shì　あること；一つのこと
那　nà　それでは
就　jiù　〜ならば…だ；(相手の提案を受けて)では
劳驾　láojià　すみません；手数をかけますが〜

让我　ràng wǒ　私に〜させてください
过去　guòqu　通る；向こうへ行く
劳您驾　láo nín jià　すみません；お手数をかけますが〜
把　bǎ　〜を
本　běn　〜冊(冊子、書籍を数える単位)
书　shū　本
递给　dìgěi　〜に手渡す
照张相　zhào zhāng xiàng　ちょっと写真を撮る
可以吗　kěyǐ ma　よいですか
可以　kěyǐ　よいです

■「練習」の語句

朋友　péngyou　友人
讲课　jiǎngkè　講義をする
做客　zuòkè　(招かれて)客となる
父母　fùmǔ　両親

練 習

1. 下線部を入れ替えて発音しなさい。

   A 欢迎你！
   ① 您　　　　　　② 王老师　　　　　③ 刘红同学
   ④ 大家　　　　　⑤ 同学们　　　　　⑥ 中国朋友

   B 欢迎你来日本！
   ① 你们来北京　　　　② 王老师来讲课　　　③ 大家来我家做客
   ④ 中国朋友来参观　　⑤ 你们来我们大学访问　⑥ 你们来日本留学

2. 場面にふさわしい中国語を言いなさい。

   ① 道中順調であったか尋ねる。　　＿＿＿＿＿＿＿＿＿＿＿＿＿＿

   ② 疲れたか尋ねる。　　　　　　　＿＿＿＿＿＿＿＿＿＿＿＿＿＿

   ③ 「ほら。王先生があっちにいらっしゃるよ。」と言う。

   ＿＿＿＿＿＿＿＿＿＿＿＿＿＿

   ④ 少し休むように言う。　　　　　＿＿＿＿＿＿＿＿＿＿＿＿＿＿

   ⑤ 電話をかけてくれるようにお願いする。

   ＿＿＿＿＿＿＿＿＿＿＿＿＿＿

   ⑥ ちょっと来てくれるように頼む。　＿＿＿＿＿＿＿＿＿＿＿＿＿＿

3. 対話文を完成させなさい。

   ① A：欢迎你来日本！　　　　　　　——B：＿＿＿＿＿＿＿＿＿＿＿＿

   ② A：＿＿＿＿＿＿＿＿＿＿＿＿＿＿——B：不辛苦。

   ③ A：麻烦你帮我拿一下行李，好吗？——B：＿＿＿＿＿＿＿＿＿＿＿＿

   ④ A：路上顺利吧？　　　　　　　　——B：＿＿＿＿＿＿＿＿＿＿＿＿

   ⑤ A：＿＿＿＿＿＿＿＿＿＿＿＿＿＿——B：一点儿也不累。

   ⑥ A：坐下歇一会儿吧！　　　　　　——B：＿＿＿＿＿＿＿＿＿＿＿＿

4．中国語で言いなさい。

① 道中お疲れさまでした。　　　　＿＿＿＿＿＿＿＿＿＿＿＿＿＿＿＿＿＿

② ようこそ日本へ。　　　　　　　＿＿＿＿＿＿＿＿＿＿＿＿＿＿＿＿＿＿

③ すみません、通してください。　＿＿＿＿＿＿＿＿＿＿＿＿＿＿＿＿＿＿

④ ご両親によろしくお伝えください。＿＿＿＿＿＿＿＿＿＿＿＿＿＿＿＿＿

⑤ 一つお願いする事があります。　＿＿＿＿＿＿＿＿＿＿＿＿＿＿＿＿＿＿

⑥ お帰りなさい。　　　　　　　　＿＿＿＿＿＿＿＿＿＿＿＿＿＿＿＿＿＿

5．中国語を聞いて、その意味を日本語で書きなさい。

🔊 B58

① ＿＿＿＿＿＿＿＿＿＿＿＿＿＿＿＿＿＿＿＿＿＿＿＿＿＿＿＿＿＿＿＿＿＿

② ＿＿＿＿＿＿＿＿＿＿＿＿＿＿＿＿＿＿＿＿＿＿＿＿＿＿＿＿＿＿＿＿＿＿

③ ＿＿＿＿＿＿＿＿＿＿＿＿＿＿＿＿＿＿＿＿＿＿＿＿＿＿＿＿＿＿＿＿＿＿

④ ＿＿＿＿＿＿＿＿＿＿＿＿＿＿＿＿＿＿＿＿＿＿＿＿＿＿＿＿＿＿＿＿＿＿

⑤ ＿＿＿＿＿＿＿＿＿＿＿＿＿＿＿＿＿＿＿＿＿＿＿＿＿＿＿＿＿＿＿＿＿＿

⑥ ＿＿＿＿＿＿＿＿＿＿＿＿＿＿＿＿＿＿＿＿＿＿＿＿＿＿＿＿＿＿＿＿＿＿

6．文を完成させなさい。

① 欢迎＿＿＿＿＿＿＿＿＿＿＿＿＿＿＿＿＿＿！

② 谢谢你＿＿＿＿＿＿＿＿＿＿＿＿＿＿＿＿。

③ 路上＿＿＿＿＿＿＿＿＿＿＿＿＿＿＿＿！

④ ＿＿＿＿＿＿＿＿＿＿＿＿＿＿＿＿顺利吧？

⑤ 请你＿＿＿＿＿＿＿＿＿＿＿＿＿＿＿＿。

⑥ 麻烦你＿＿＿＿＿＿＿＿＿＿＿＿＿＿＿＿！

⑦ 拜托您＿＿＿＿＿＿＿＿＿＿＿＿＿＿＿＿！

⑧ 劳驾，＿＿＿＿＿＿＿＿＿＿＿＿＿＿＿＿。

第 7 课
Dì qī kè

这样行不行？
——建议，同意，不同意——
jiànyì tóngyì bù tóngyì
（提案、同意、不同意）

基本表现

B59 **1** A：这样 行 不 行？
　　　　　Zhèiyàng xíng bu xíng?

　　　B：行。没 问题。
　　　　　Xíng. Méi wèntí.

这样　このように（する）
行不行　よいですか（差し支えないか）
行　よいです（差し支えない）

B63

B60 **2** A：你 看 怎么样？
　　　　　Nǐ kàn zěnmeyàng?

　　　B：可以。我 同意。
　　　　　Kěyǐ. Wǒ tóngyì.

你看　あなたが思うには～

B61 **3** A：你 看，这样 做 好 不 好？
　　　　　Nǐ kàn, zhèiyàng zuò hǎo bu hǎo?

　　　B：我 觉得 不 太 合适。
　　　　　Wǒ juéde bú tài héshì.

做　する
好不好　よいですか（よいか、よくないか）
觉得　～と思う；～と感じる
合适　ちょうどよい；ぴったりだ

B62 **4** A：饭桌 应当 摆在 这儿，你 说 呢？
　　　　　Fànzhuō yīngdāng bǎizài zhèr, nǐ shuō ne?

　　　B：按 你 说 的 办 吧。
　　　　　Àn nǐ shuō de bàn ba.

饭桌　テーブル；食卓
应当　～すべきである
摆在　（見栄えよく）～に置く
你说呢　あなたはどう思いますか
按～说的办　～の言うとおりにする

1 2 提案とそれに対する同意。
3 提案とそれに対する不同意。
4 自分の主張を強く出した提案とそれに対する同意。

会 話

劉紅さんの引っ越し。渡辺さんと李偉君が手伝います。

渡边：炊具、家具 什么的 都 搬进来 了 吧？
　　　Chuījù、jiājù shénmede dōu bānjìnlai le ba?

刘红：差不多 都 齐 了。
　　　Chàbuduō dōu qí le.

李伟：那，先 来 看 一 看 镜子 挂在 哪儿 合适。
　　　Nà, xiān lái kàn yi kàn jìngzi guàzài nǎr héshì.

渡边：挂在 这儿，
　　　Guàzài zhèr,

　　　行 不 行？
　　　xíng bu xíng?

刘红：可以。没 问题。
　　　Kěyǐ. Méi wèntí.

渡边：电视机 放在 桌子 右边儿，你 看 行 吗？
　　　Diànshìjī fàngzài zhuōzi yòubianr, nǐ kàn xíng ma?

李伟：我 觉得 放在 那边儿 比较 好。
　　　Wǒ juéde fàngzài nèibianr bǐjiào hǎo.

　　　屋子里 是 不 是 应当 摆上 几 个 花瓶，
　　　Wūzili shì bu shì yīngdāng bǎishàng jǐ ge huāpíng,

　　　你 说 呢？
　　　nǐ shuō ne?

刘红：对，就 按 你 说 的 办 吧。
　　　Duì, jiù àn nǐ shuō de bàn ba.

炊具	炊事道具
什么的	～など
搬进来	運び込む
差不多	ほぼ
齐了	そろっている（欠けているものがない）
先	まず；先に
看一看	ちょっと見てみる
镜子	鏡
挂在	～に掛ける
电视机	テレビ
放在	～に置く
桌子	机；テーブル
右边儿	右；右側
那边儿	そちら；あちら
比较	どちらかというと；比べると
好	良い；すばらしい
屋子里	部屋の中
是不是～	～ではないでしょうか
摆上	（添えて）置く
几个	いくつかの
对	そうです；そのとおりです

7

■ 関連表現

1 提案をし意見を求める表現

B66

A 你看，这样做行不行？　　　　　Nǐ kàn, zhèiyàng zuò xíng bu xíng?
B 放在桌子上，好不好？　　　　　Fàngzài zhuōzishang, hǎo bu hǎo?
C 贴在这儿，可以不可以？　　　　Tiēzài zhèr, kěyǐ bu kěyǐ?
D 挂在那儿，怎么样？　　　　　　Guàzài nàr, zěnmeyàng?

(ひとくち解説) Aの文頭の"你看"はコンマの後ろに回し"这样做，你看行不行？"のように言うこともできます。"你看"はB-Dでも文頭やコンマの後ろに加えることができます。"行不行？""好不好？""可以不可以？"はそれぞれ"行吗？""好吗？""可以吗？"に置き換えることができます。

2 自分の主張を強く出した提案をし意見を求める表現

B67

A 我觉得这样做比较好，你说呢？　　Wǒ juéde zhèiyàng zuò bǐjiào hǎo, nǐ shuō ne?
B 我觉得去北海道旅游好，你说呢？　Wǒ juéde qù Běihǎidào lǚyóu hǎo, nǐ shuō ne?
C 我认为应当这样做，你说呢？　　　Wǒ rènwéi yīngdāng zhèiyàng zuò, nǐ shuō ne?
D 椅子应该放在这儿，你说呢？　　　Yǐzi yīnggāi fàngzài zhèr, nǐ shuō ne?
E 是不是应该让孩子快点儿去看病，你说呢？
　　Shì bu shì yīnggāi ràng háizi kuài diǎnr qù kànbìng, nǐ shuō ne?

(ひとくち解説) "我觉得"は文頭に置き、"你说呢？"は文末に置きます。"你说呢？"の代わりに、"你觉得怎么样？""你觉得如何？""你觉得呢？""你认为呢？"などを用いることもあります。C，Dの"应当""应该"は強制的なニュアンスを持つため、Eのように"是不是"を加えて"是不是应该（/应当）"（～すべきではないでしょうか）という和らげたかたちでも用いられます。

3 提案に対する同意の表現

B68

A 行。/ 好。/ 可以。/ 很好。/ 挺好的。
　　Xíng. / Hǎo. / Kěyǐ. / Hěn hǎo. / Tǐng hǎo de.
B 还行。/ 还可以。　　　　　　Hái xíng. / Hái kěyǐ.
C 当然可以。　　　　　　　　　Dāngrán kěyǐ.
D 我看可以。　　　　　　　　　Wǒ kàn kěyǐ.
E 没问题。　　　　　　　　　　Méi wèntí.
F 我同意。/ 我赞成。　　　　　Wǒ tóngyì. / Wǒ zànchéng.

G	我同意你的看法。	Wǒ tóngyì nǐ de kànfǎ.
H	就按你说的办吧。	Jiù àn nǐ shuō de bàn ba.
I	你说得对。	Nǐ shuōde duì.

(ひとくち解説) AとFを組み合わせて"行，我同意。"、AとEを組み合わせて"可以，没问题。"のように用いることも少なくありません。

4 提案に対する不同意の表現

B69
A	不行。	Bùxíng.
B	绝对不行。	Juéduì bùxíng.
C	不太好。／不太合适。	Bú tài hǎo. ／ Bú tài héshì.
D	不。我不同意。／我不赞成。	Bù. Wǒ bù tóngyì. ／ Wǒ bú zànchéng.
E	我觉得还是这样做好。／我认为还是那样做好。	Wǒ juéde háishi zhèiyàng zuò hǎo. ／ Wǒ rènwéi háishi nèiyàng zuò hǎo.
F	我有一个疑问。	Wǒ yǒu yí ge yíwèn.
G	我想保留自己的意见。	Wǒ xiǎng bǎoliú zìjǐ de yìjiàn.

(ひとくち解説) AとBを組み合わせて"不行，绝对不行。"、CとEを組み合わせて"不太好，我觉得还是这样做好。"のように用いることもあります。"不可以。"とは言えません。

B70

■「関連表現」の語句
贴在　tiēzài　～に贴る
可以不可以　kěyǐ bu kěyǐ　よいですか
旅游　lǚyóu　旅行する
认为　rènwéi　～と考える
应该　yīnggāi　～すべきである
孩子　háizi　子供
快点儿　kuài diǎnr　急いで；早く
看病　kànbìng　診察を受ける
当然　dāngrán　もちろん；言うまでもなく
我看　wǒ kàn　私が思うには～
看法　kànfǎ　見方；考え
说得对　shuōde duì　そのとおりです；おっしゃるとおりです

不行　bùxíng　いけない；だめです
还是　háishi　やはり
那样　nèiyàng／nàyàng　そのように（する）
想　xiǎng　～したい（と思う）
保留　bǎoliú　留保する
自己　zìjǐ　自分

■「練習」の語句
坐～去　zuò～qù　～で行く；～に乗って行く
电车　diànchē　電車
出去吃饭　chūqù chī fàn　外食に行く；外出して食事をする
电话　diànhuà　電話（機）

7

練 習

1. 下線部を入れ替えて発音しなさい。

   A 摆在这儿，行不行？
   ① 你看这样做　　② 我们去图书馆　　③ 请你帮我拿一下行李
   ④ 我叫你小王　　⑤ 让我过去　　　　⑥ 我们照张相

   B 是不是应当摆上几个花瓶，你说呢？
   ① 谢谢老师　　② 打个电话　　③ 坐飞机去
   ④ 歇一会儿　　⑤ 出去吃饭　　⑥ 上课去

2. 場面にふさわしい中国語を言いなさい。

   ① 電車で行ってはどうかと提案する。　＿＿＿＿＿＿＿＿＿＿＿＿＿＿＿

   ② 外食に行ってはどうかと提案する。　＿＿＿＿＿＿＿＿＿＿＿＿＿＿＿

   ③ 図書館に行ってはどうかと提案する。　＿＿＿＿＿＿＿＿＿＿＿＿＿＿

   ④ 北海道へ旅行に行ってはいかがかと提案する。

   ＿＿＿＿＿＿＿＿＿＿＿＿＿＿＿＿＿＿＿＿＿＿＿＿＿＿＿＿＿＿＿＿

   ⑤ 写真を撮るべきではと提案する。　＿＿＿＿＿＿＿＿＿＿＿＿＿＿＿＿

   ⑥ （書き終えた用紙を見せるなどして）これでよいか尋ねる。

   ＿＿＿＿＿＿＿＿＿＿＿＿＿＿＿＿＿＿＿＿＿＿＿＿＿＿＿＿＿＿＿＿

3. 対話文を完成させなさい。

   ① A：你看，这样好不好？　　　——B：＿＿＿＿＿＿＿＿＿＿＿＿＿

   ② A：电话放在这儿，合适不合适？　——B：＿＿＿＿＿＿＿＿＿＿＿＿

   ③ A：＿＿＿＿＿＿＿＿＿＿＿＿＿——B：我觉得挺好的。

   ④ A：＿＿＿＿＿＿＿＿＿＿＿＿＿——B：就按你说的办吧。

   ⑤ A：你看，这样可以吗？　　　——B：＿＿＿＿＿＿＿＿＿＿＿＿＿

   ⑥ A：是不是应该打个电话？　　——B：＿＿＿＿＿＿＿＿＿＿＿＿＿

4．中国語で言いなさい。

① こうしてはどうですか。　_____

② （あなたは）どう思いますか。　_____

③ あまりよくはないと思いますが。　_____

④ ほぼそろいました。　_____

⑤ もちろんいいです。　_____

⑥ ではあなたの言うとおりにしましょう。　_____

5．中国語を聞いて、その意味を日本語で書きなさい。

🔊 B72

① _____
② _____
③ _____
④ _____
⑤ _____
⑥ _____

6．文を完成させなさい。

① _____，行不行？

② _____，你觉得怎么样？

③ _____，你看行吗？

④ _____，这样好不好？

⑤ 我觉得_____。

⑥ 我认为_____。

⑦ 是不是应该_____？

⑧ _____，你说呢？

第 8 课
Dì bā kè

祝贺你！
——祝福， 生日、 生肖， 传闻——
zhùfú shēngrì shēngxiào chuánwén
（祝福、誕生日・干支、うわさ）

基本表现

B73　**1** A：祝贺 你！
　　　　　Zhùhè nǐ!

　　　B：谢谢！
　　　　　Xièxie!

祝贺　祝う　　　　　B77

B74　**2** A：祝 你 生日 快乐！
　　　　　Zhù nǐ shēngrì kuàilè!

　　　B：谢谢 你 的 祝福。
　　　　　Xièxie nǐ de zhùfú.

祝　願う；祈る
生日　誕生日（shēngri とも発音する）
快乐　楽しい
祝福　祝い；祝福

B75　**3** A：你 属 什么？
　　　　　Nǐ shǔ shénme?

　　　B：我 属 龙。
　　　　　Wǒ shǔ lóng.

属　（干支が）〜年生まれである

龙　辰（年）；たつ

B76　**4** A：听说 属 龙 的 人 很 要强。
　　　　　Tīngshuō shǔ lóng de rén hěn yàoqiáng.

　　　B：那 可 不 一定。
　　　　　Nà kě bù yídìng.

听说　〜だそうです；
　　　〜と聞いています
要强　頑張り屋である
可　実は；実際には
不一定　〜とは限りません

1 お祝いと感謝の表現。
2 誕生日のお祝いと感謝の表現。
3 干支の尋ね方と答え方。
4 うわさの表現と応じ方。

会 話

渡辺さんと劉紅さんは李偉君の誕生日を祝います。

B78
渡边・刘红：李伟，祝贺你！
　　　　　Lǐ Wěi, zhùhè nǐ!

李伟：谢谢！想不到你们能在日本为我祝贺生日。
　　　Xièxie! Xiǎngbudào nǐmen néng zài Rìběn wèi wǒ zhùhè shēngrì.

渡边：你看，这是特意为你准备的蛋糕。
　　　Nǐ kàn, zhè shì tèyì wèi nǐ zhǔnbèi de dàngāo.

李伟：上面写的是什么？
　　　Shàngmian xiě de shì shénme?

渡边：是用巧克力写的"李伟，祝你生日快乐！"
　　　Shì yòng qiǎokèlì xiě de "Lǐ Wěi, zhù nǐ shēngrì kuàilè!"

刘红：李伟，你属什么？
　　　Lǐ Wěi, nǐ shǔ shénme?

李伟：我属龙。
　　　Wǒ shǔ lóng.

渡边：听说属龙的人很要强……。
　　　Tīngshuō shǔ lóng de rén hěn yàoqiáng…….

李伟：那可不一定。
　　　Nà kě bù yídìng.

B79
想不到　思いも寄らない；考えつかない
能　（〜することが）ありえる。"想不到…能〜"で「…が〜することがありえるなんて思いも寄らなかった」
为　〜のために
蛋糕　ケーキ
上面　上；表面
写的　書いてあるの；書いてある〜
用　（手段や材料を示し）〜で；〜を使って
巧克力　チョコレート

■ 関連表現

1 祝福の表現

1) 実現していることについて「おめでとう」

B80
- A 祝贺你！　　　　　　　　　Zhùhè nǐ!
- B 祝贺你呀！　　　　　　　　Zhùhè nǐ ya!
- C 听说你考上了大学，祝贺你呀！　Tīngshuō nǐ kǎoshàngle dàxué, zhùhè nǐ ya!
- D 听说你结婚了，祝贺你！　　Tīngshuō nǐ jiéhūn le, zhùhè nǐ!
- E 祝贺你考上了大学！　　　　Zhùhè nǐ kǎoshàngle dàxué!
- F 祝贺你结婚！　　　　　　　Zhùhè nǐ jiéhūn!

(ひとくち解説)「おめでとう。」とだけ言うにはA、Bのように言います。事柄も言うにはC-Fのような言い方ができます。事柄を前に置くC、Dは親しい間での言い方で、後に置くE、Fは丁寧な言い方となります。なお、A-Fのいずれも"祝贺"の代わりに"恭喜"gōngxǐ を用いることができます。これらの表現で祝福されたときは、とりあえず"谢谢！""谢谢你的祝福。"と答えて感謝の気持ちを伝えればよいでしょう。

2) 「誕生日おめでとう」

B81
- G 祝你生日快乐！　　　　　　Zhù nǐ shēngrì kuàilè!
- H 祝你生日愉快！　　　　　　Zhù nǐ shēngrì yúkuài!

(ひとくち解説)"祝"を用いたG、Hが広く用いられます。これらは決まり文句とも言うべきものです。祝福されたときは、"谢谢！"や"谢谢你的祝福。"と答えて感謝の気持ちを伝えます。このほか「～おめでとう」で"祝"を用いるのは"祝你圣诞节(shèngdànjié)快乐！"（クリスマスおめでとう。）や"祝你新年(xīnnián)快乐！"（新年おめでとう。）など祝日に関わるものが多いようです（新年の表現➡107頁）。「～を楽しく過ごされるよう願っています」から「～おめでとう」という意味になっています。祝日は話し手と聞き手に共通ですから、言われた人もオウム返しに同じ言葉を言えばよいでしょう。

3) 今後のことについて「～を願っています」「～を祈ります」

B82
- I 祝你幸福！　　　　　　　　Zhù nǐ xìngfú!
- J 祝你好运！　　　　　　　　Zhù nǐ hǎoyùn!
- K 祝你一路平安！　　　　　　Zhù nǐ yílù píng'ān!
- L 祝你一路顺风！　　　　　　Zhù nǐ yílù shùnfēng!
- M 祝你身体健康！　　　　　　Zhù nǐ shēntǐ jiànkāng!

(ひとくち解説) 祝福されたときは、やはり"谢谢！"や"谢谢你的祝福。"と答えて感謝の気持ちを伝えます。

2 誕生日と干支(えと)の表現

🔊 B83

A 你的生日几月几号？—— 我的生日七月八号。
Nǐ de shēngrì jǐ yuè jǐ hào? —— Wǒ de shēngrì qī yuè bā hào.

B 你的生日是哪一天？—— 我的生日是这个星期天。
Nǐ de shēngrì shì nǎ yì tiān? —— Wǒ de shēngrì shì zhèige xīngqītiān.

C 你属什么？—— 我属牛。 Nǐ shǔ shénme? —— Wǒ shǔ niú.

D 你的生肖是什么？—— 我的生肖是鼠。
Nǐ de shēngxiào shì shénme? —— Wǒ de shēngxiào shì shǔ.

E 今年是鼠年，正是我的本命年。
Jīnnián shì shǔnián, zhèng shì wǒ de běnmìngnián.

F 明年是什么年？—— 明年是鸡年。
Míngnián shì shénme nián? —— Míngnián shì jīnián.

[ひとくち解説] 十二支の何年(なにどし)生まれかは、次のように表します。書き言葉は日本語と同じです。"羊"は「ひつじ」と「やぎ」の総称なので、中国では人や地域により、あるいは時代の流行でどちらの場合もあります。"猪"は日本と違い「ぶた」です。"蛇"の代わりに"小龙" xiǎolóng を用いることもあります。

話し言葉	書き言葉	日本で言われるもの
鼠 shǔ	子	ねずみ
牛 niú	丑	うし
虎 hǔ	寅	とら
兔 tù	卯	うさぎ
龙 lóng	辰	たつ
蛇 shé	巳	へび
马 mǎ	午	うま
羊 yáng	未	ひつじ
猴儿 hóur	申	さる
鸡 jī	酉	とり
狗 gǒu	戌	いぬ
猪 zhū	亥	いのしし

3 うわさの表現と応じ方

A 听说你结婚了，祝贺你！——谢谢！
　Tīngshuō nǐ jiéhūn le, zhùhè nǐ! —— Xièxie!

B 听说属龙的人很要强。——对，我也这么认为。
　Tīngshuō shǔ lóng de rén hěn yàoqiáng. —— Duì, wǒ yě zhème rènwéi.

C 听说你认识刘红，是吗？——是啊，我早就认识她。
　Tīngshuō nǐ rènshi Liú Hóng, shì ma? —— Shì a, wǒ zǎojiù rènshi tā.

D 听说你去过好几次中国。——是啊，我去过六次。
　Tīngshuō nǐ qùguo Zhōngguó hǎojǐ cì. —— Shì a, wǒ qùguo liù cì.

E 听说你认识刘红。——当然认识，我和她是老朋友啦。
　Tīngshuō nǐ rènshi Liú Hóng. —— Dāngrán rènshi, wǒ hé tā shì lǎopéngyou la.

F 听说属龙的人很要强。——那可不一定。也有要强的，也有不要强的。
　Tīngshuō shǔ lóng de rén hěn yàoqiáng. —— Nà kě bù yídìng. Yě yǒu yàoqiáng de, yě yǒu bú yàoqiáng de.

G 听说你认识刘红。——我不认识她，也没见过她。
　Tīngshuō nǐ rènshi Liú Hóng. —— Wǒ bú rènshi tā, yě méi jiànguo tā.

H 听说你去过好几次中国。——是谁说的？我一次也没去过。
　Tīngshuō nǐ qùguo Zhōngguó hǎojǐ cì. —— Shì shéi shuō de? Wǒ yí cì yě méi qùguo.

[ひとくち解説]「うわさ」と言ってもその信頼度には幅があります。確かな根拠があるものもあれば、そうではないものもあります。「うわさ」を取り上げる人は自分の判断も加えて発言し、応じ方のほうも、A−Dのようにそのまま認めたり、Eのように強く肯定したり、Fのように軽く否定したり、G、Hのように強く否定したりとさまざまな可能性があります。

■「関連表現」の語句

B85

呀 ya "啊"が直前の音の影響で変わった音
考上 kǎoshàng 合格する
恭喜 gōngxǐ おめでとうございます；お喜び申し上げます
圣诞节 Shèngdànjié クリスマス
好运 hǎoyùn 幸運
一路 yílù 道中
平安 píng'ān 無事である；平穏である
顺风 shùnfēng 順調である
号 hào 〜日（日付）
天 tiān 日
牛 niú 丑（年）；うし
生肖 shēngxiào / shēngxiāo 干支；生まれ年
鼠 shǔ 子（年）；ねずみ
正 zhèng ちょうど
本命年 běnmìngnián （それぞれの人にとっての）干支の年
明年 míngnián 来年
鸡 jī 酉（年）；とり
虎 hǔ 寅（年）；とら
兔 tù 卯（年）；うさぎ
蛇 shé 巳（年）；へび
马 mǎ 午（年）；うま
羊 yáng 未（年）；ひつじ；やぎ
猴儿 hóur 申（年）；さる
狗 gǒu 戌（年）；いぬ

猪 zhū 亥（年）；ぶた
小龙 xiǎolóng 巳（年）；へび
这么 zhème そのように；このように；そんなに；こんなに
是吗 shì ma （確認するため文末に置き）そうですか
是啊 shì a そうですよ
早就 zǎojiù ずっと前から；とっくに
过 guo 〜したことがある
没 méi 〜していない；〜しなかった
好几次 hǎojǐ cì 何度も
和 hé 〜と…
老朋友 lǎopéngyou 古くからの友人；親友
啦 la 〜なんですよ（「当然だよ」という気持ちを加える）
也有〜也有… yě yǒu〜yě yǒu… 〜もいれば…もいる
见 jiàn 会う
说 shuō 言う；話す
一次也没 yí cì yě méi 一度も〜ない

■「練習」の語句

节日 jiérì 祝日；祭日
进步 jìnbù （学習などの）成果が上がる
考试 kǎoshì 試験；テスト
犟 jiàng 粘り強い
哦 ò （思い当たり）ああ；ははん；（同意して）ああ

練　習

1. 下線部を入れ替えて発音しなさい。

   B86

   A 祝<u>你</u><u>生日快乐</u>！
   ① 你们新年快乐　　② 你圣诞节快乐　　③ 大家节日愉快
   ④ 你幸福　　　　　⑤ 同学们学习进步　⑥ 老师身体健康

   B 你属什么？——我属<u>鼠</u>。
   　你呢？　　——我属<u>牛</u>。
   ① 虎／兔　　　② 龙／蛇　　　③ 马／羊
   ④ 猴儿／鸡　　⑤ 狗／猪　　　⑥ 鼠／牛

2. 場面にふさわしい中国語を言いなさい。

   ① 「幸せを願っています。」と言う。　　＿＿＿＿＿＿＿＿＿＿＿＿＿＿

   ② 干支を尋ねる。　　　　　　　　　　＿＿＿＿＿＿＿＿＿＿＿＿＿＿

   ③ 誕生日がいつか尋ねる。　　　　　　＿＿＿＿＿＿＿＿＿＿＿＿＿＿

   ④ 表面に何と書かれているか尋ねる。　＿＿＿＿＿＿＿＿＿＿＿＿＿＿

   ⑤ 「誕生日おめでとう。」と言う。　　＿＿＿＿＿＿＿＿＿＿＿＿＿＿

   ⑥ 相手の干支がいのししであるという伝聞を確認する。
   　　　　　　　　　　　　　　　　　　＿＿＿＿＿＿＿＿＿＿＿＿＿＿

3. 対話文を完成させなさい。

   ① A：＿＿＿＿＿＿＿＿＿＿＿＿＿＿——B：谢谢你的祝福。

   ② A：＿＿＿＿＿＿＿＿＿＿＿＿＿＿——B：我属狗。

   ③ A：听说明天有考试，是吗？　　——B：＿＿＿＿＿＿＿＿＿＿＿＿

   ④ A：听说属牛的人很犟，是吗？　——B：＿＿＿＿＿＿＿＿＿＿＿＿

   ⑤ A：＿＿＿＿＿＿＿＿＿＿＿＿＿＿——B：哦，我也听说了。

   ⑥ A：明年是什么年？　　　　　　——B：＿＿＿＿＿＿＿＿＿＿＿＿

4．中国語で言いなさい。

① おめでとうございます。　_____

② あなたは何年生まれですか。　_____

③ 私の干支はうさぎです。　_____

④ あなたは頑張り屋さんだそうですね。　_____

⑤ 実はそうとは限りません。　_____

⑥ 道中の無事を祈ります。　_____

5．中国語を聞いて、その意味を日本語で書きなさい。

🔊 B87
① _____
② _____
③ _____
④ _____
⑤ _____
⑥ _____

6．文を完成させなさい。

① 祝你_____！

② 谢谢_____。

③ 我属_____。

④ 听说_____。

⑤ 你看，这是_____。

⑥ 上面写的是_____。

⑦ 想不到_____。

⑧ _____，对吧？

64

第 9 课 Dì jiǔ kè

不见不散。
―― 应答，约会，假定，提醒 ――
yìngdá yuēhuì jiǎdìng tíxǐng
（あいづち、待ち合わせ、仮定、注意喚起）

🔲 基本表現

C01

1 A：我 想 去。
　　　Wǒ xiǎng qù.

　　B：是 吗？那，我 也 去。
　　　Shì ma? nà, wǒ yě qù.

是吗（あいづちを打つ場合の）そうですか **C05**

C02

2 A：在 学校 门口 碰头 吧。
　　　Zài xuéxiào ménkǒu pèngtóu ba.

　　B：行 啊！不 见 不 散。
　　　Xíng a! Bú jiàn bú sàn.

门口　出入り口
碰头　待ち合わせる
吧　〜しよう（勧誘を表す）
啊　〜よ：〜ね（親しみの気持ちを添える）
不见不散　相手が来て会うまで待つ

C03

3 A：你 也 来 吗？
　　　Nǐ yě lái ma?

　　B：你 来，我 就 来。
　　　Nǐ lái, wǒ jiù lái.

C04

4 A：我 晚上 有事 出去。
　　　Wǒ wǎnshang yǒu shì chūqù.

　　B：晚上 好像 下雨，别 忘了 带 伞。
　　　Wǎnshang hǎoxiàng xià yǔ, bié wàngle dài sǎn.

有事　用事がある
好像　どうも〜みたいだ：まるで〜みたいだ
下雨　雨が降る
别　〜しないように
忘了　忘れてしまう
带　持つ；携帯する
伞　傘

1 あいづちの打ち方。
2 待ち合わせの表現。
3 仮定の表現。
4 注意喚起（注意して何かを気付かせる）の表現。

会 話

渡辺さんと李偉君は劉紅さんを誘って映画を見に行く約束をします。

C06

李伟：渡边，好像 你 说 的 那 部 电 影 正
　　　Dùbiān, hǎoxiàng nǐ shuō de nèi bù diànyǐng zhèng

　　　在 北方 影院 上映 呢……。
　　　zài Běifāng yǐngyuàn shàngyìng ne …….

渡边：是 吗？那，我 一 定 得 去 看。你 也 去 吗？
　　　Shì ma? Nà, wǒ yídìng děi qù kàn. Nǐ yě qù ma?

李伟：去 呀。我 也 去。什么 时候 去？
　　　Qù ya. Wǒ yě qù. Shénme shíhou qù?

渡边：星期天 下午 一 点 半 在 电影院 门口
　　　Xīngqītiān xiàwǔ yì diǎn bàn zài diànyǐngyuàn ménkǒu

　　　碰头，怎么样？
　　　pèngtóu, zěnmeyàng?

李伟：可以 啊。不 见 不 散。
　　　Kěyǐ a. Bú jiàn bú sàn.

渡边：对了，如果 刘 红 有 空儿 的话，我 也
　　　Duìle, rúguǒ Liú Hóng yǒu kòngr dehuà, wǒ yě

　　　想 约 她 一起 去。
　　　xiǎng yuē tā yìqǐ qù.

李伟：好 哇。那，我 跟 她 联系 吧。
　　　Hǎo wa. Nà, wǒ gēn tā liánxì ba.

渡边：拜托 了。别 忘了 告诉 她 碰头 的 时间。
　　　Bàituō le. Bié wàngle gàosu tā pèngtóu de shíjiān.

C07

部　映画や書籍を数える単位
电影　映画
北方影院　北方映画館（架空の映画館名）
上映　上映する
呢　～していますよ（文末に置き動作・行為の継続を表す）
一定　ぜひとも；きっと；必ず
得　～しなくてはならない
什么时候　いつ
电影院　映画館

如果　もし～ならば
空儿　空いた時間；暇
～的话　～ということなら
约　誘う
一起　一緒に
哇　"啊"が直前の音の影響で変わった音
跟　～に；～と
联系　連絡する
吧　～しよう（提案の気持ちを表す）
告诉　伝える；知らせる

関連表現

1 あいづちの打ち方

C08

A　我也去。—— 是吗？那我们一起去吧。
　　Wǒ yě qù. —— Shì ma? Nà wǒmen yìqǐ qù ba.

B　高桥老师也来。—— 真的？那太好了！
　　Gāoqiáo lǎoshī yě lái. —— Zhēnde? Nà tài hǎo le!

C　我明年去北京留学。—— 真的吗？那太好了！祝你留学成功！
　　Wǒ míngnián qù Běijīng liúxué. —— Zhēnde ma? Nà tài hǎo le! Zhù nǐ liúxué chénggōng!

D　王老师是我们的中文老师。—— 啊，是这样。
　　Wáng lǎoshī shì wǒmen de Zhōngwén lǎoshī. —— À, shì zhèiyàng.

E　听说他在北京住了十年。—— 噢，原来是这样！怪不得他中文说得那么好。
　　Tīngshuō tā zài Běijīng zhùle shí nián. —— Ō, yuánlái shì zhèiyàng! Guàibude tā Zhōngwén shuōde nàme hǎo.

F　中文越学越难。—— 嗯，我也这么觉得。
　　Zhōngwén yuè xué yuè nán. —— Ǹg, wǒ yě zhème juéde.

G　我哥哥得了胃癌动手术了。—— 欸，那可不得了了。
　　Wǒ gēge déle wèi'ái dòng shǒushù le. —— Éi, nà kě bùdéliǎo le.

(ひとくち解説) Aの"是吗？"やB、Cの"真的（吗）？"は疑問文のかたちをしていても必ずしも疑問を表しているわけではありません。実際には「ああそうですか」「ああ本当」などと相手の話に合わせて反応しているあいづちです。D、Eの"是这样"は「ああそういうことなの」「そうだったの」。Fの"嗯"は「うん」。Eの"噢"は「ああ」という了解したときの気持ちを、Gの"欸"は驚いたときの気持ちを一種のあいづちとして発したものと言えるでしょう。

2 待ち合わせの表現

C09

A　几点碰头？—— 两点吧。　　　　　Jǐ diǎn pèngtóu? —— Liǎng diǎn ba.
B　在哪儿碰头？—— 在学校门口。　　Zài nǎr pèngtóu? —— Zài xuéxiào ménkǒu.
C　校长说明天可以跟你见面。　　　　Xiàozhǎng shuō míngtiān kěyǐ gēn nǐ jiànmiàn.
D　三年级的同学请到礼堂集合！　　　Sān niánjí de tóngxué qǐng dào lǐtáng jíhé!

(ひとくち解説) 親しい間では"碰头"を用います。"见面"はビジネスなどのオフィシャルな場合に用いられます。"集合"は三人以上の場合に限られます。

3　仮定の表現

C10
- A　明天下雨，我就不去了。　　　　Míngtiān xià yǔ, wǒ jiù bú qù le.
- B　他来，我就不来了。　　　　　　Tā lái, wǒ jiù bù lái le.
- C　如果你有空儿的话，就来玩儿吧。　Rúguǒ nǐ yǒu kòngr de huà, jiù lái wánr ba.
- D　如果不同意，你可以保留自己的意见。
    Rúguǒ bù tóngyì, nǐ kěyǐ bǎoliú zìjǐ de yìjiàn.
- E　要是有问题的话，随时问我吧。　Yàoshi yǒu wèntí dehuà, suíshí wèn wǒ ba.

[ひとくち解説]　前半に"如果〜（的话）""要是〜（的话）"などを、後半に"就"を用います。しかし、短い文で前後関係から前半が仮定だと分かる場合はA、Bのように後半に"就"だけを用いることも少なくありません。

4　注意喚起の表現

C11
- A　别忘了带伞啊！　　　　　　　　Bié wàngle dài sǎn a!
- B　别忘记给他打电话！　　　　　　Bié wàngjì gěi tā dǎ diànhuà!
- C　对了，不要忘了请她来！　　　　Duìle, búyào wàngle qǐng tā lái!
- D　请你不要忘记带护照！　　　　　Qǐng nǐ búyào wàngjì dài hùzhào!

[ひとくち解説]　注意喚起（注意して何かを気付かせる）をするには"别忘了〜""别忘记〜""不要忘了〜""不要忘记〜"などを用います。

■「関連表現」の語句

真的　zhēnde　本当のこと；真実
太〜了　tài〜le　たいへん〜だ
中文　Zhōngwén　中国語
噢　ō　（そうかと気付き）ああ
原来　yuánlái　なんと；なるほど
怪不得　guàibude　〜であるのもそのはずだ
〜得…　〜de…　〜するのが…だ；〜の仕方が…だ
那么　nàme　あんなに；そんなに
越〜越…　yuè〜yuè…　〜であればあるほど…だ
哥哥　gēge　兄
得　dé　（病気に）なる；かかる
动手术　dòng shǒushù　手術をする
欸　éi　えっ
可〜了　kě〜le　なんとも〜だ（"〜"の部分を強調する）
不得了　bùdéliǎo　大変だ；一大事だ
校长　xiàozhǎng　学長；校長
见面　jiànmiàn　会う
到　dào　〜へ行く
礼堂　lǐtáng　講堂
不〜了　bù〜le　〜しないことにする
玩儿　wánr　遊ぶ
可以　kěyǐ　〜してよい；〜できる
要是　yàoshi　もし〜ならば
有问题　yǒu wèntí　質問がある；困ったことがある
随时　suíshí　いつでも；そのつど
问　wèn　尋ねる
忘记　wàngjì　忘れる
不要　búyào　〜しないように
请　qǐng　〜するようお願いする
护照　hùzhào　パスポート

■「練習」の語句

吃药　chī yào　薬を飲む
练发音　liàn fāyīn　発音を練習する
钱　qián　お金
锁门　suǒ mén　（ドアや入り口に）かぎをかける
外边　wàibian　外
正在　zhèngzài　ちょうど〜している

練 習

1. 下線部を入れ替えて発音しなさい。

   別忘了 带伞。
   ① 吃药　　② 练发音　　③ 打电话　　④ 带钱　　⑤ 锁门　　⑥ 跟她联系

2. 適切な言葉を入れなさい。

   ①（　）是这样。　　②（　）那，我也去。　　③（　）我也这么觉得。
   ④（　）不见不散。　　⑤（　）原来是这样！　　⑥（　）那可不得了了。
   　　a. 嗯，　b. 行啊。　c. 啊，　d. 噢，　e. 欸，　f. 是吗？

3. 場面にふさわしい中国語を言いなさい。

   ① どこで待ち合わせるか尋ねる。　　_____

   ② 電話をかけ忘れないように注意喚起する。_____

   ③ 自分が彼女に電話で連絡すると言う。_____

   ④ ぜひとも来なければだめだと勧める。_____

   ⑤ お互いに相手に会うまでは待つことを約束する。
   _____

   ⑥「君が行くなら、私も行く。」と言う。_____

4. 日本語を参考に対話文を完成させなさい。

   ① A：外边好像正在下雨呢。　　——B：_____
   　　　　　　　　　　　　　　　　　　（それでは、傘を持たなければ。）

   ② A：_____——B：去呀。你去，我也去。
   　　（君も行きますか。）

   ③ A：在学校门口碰头吧。　　——B：_____
   　　　　　　　　　　　　　　　　　（いいですよ。会うまで待つということで。）

   ④ A：哦，对了，几点碰头？　　——B：_____
   　　　　　　　　　　　　　　　　　　（日曜日の午後1時半に。）

   ⑤ A：_____——B：那就拜托了。
   　　（それでは、私が彼女に電話で連絡します。）

   ⑥ A：我明年去北京留学。　　——B：_____
   　　　　　　　　　　　　　　　　　（本当ですか。それはよかったですね。）

5．中国語で言いなさい。

① そうですか（あいづち）。　　　＿＿＿＿＿＿＿＿＿＿＿＿＿＿＿＿＿

② それではお願いします。　　　　＿＿＿＿＿＿＿＿＿＿＿＿＿＿＿＿＿

③ 電話をかけるのを忘れないでね。　＿＿＿＿＿＿＿＿＿＿＿＿＿＿＿＿＿

④ ぜひとも見に行かなくちゃあ。　　＿＿＿＿＿＿＿＿＿＿＿＿＿＿＿＿＿

⑤ 彼を誘って一緒に来ます。　　　　＿＿＿＿＿＿＿＿＿＿＿＿＿＿＿＿＿

⑥ ところで、何時に待ち合わせをしますか。　＿＿＿＿＿＿＿＿＿＿＿＿＿

6．中国語を聞いて、その意味を日本語で書きなさい。

① ＿＿＿＿＿＿＿＿＿＿＿＿＿＿＿＿＿＿＿＿＿＿＿＿＿＿＿＿＿＿＿＿

② ＿＿＿＿＿＿＿＿＿＿＿＿＿＿＿＿＿＿＿＿＿＿＿＿＿＿＿＿＿＿＿＿

③ ＿＿＿＿＿＿＿＿＿＿＿＿＿＿＿＿＿＿＿＿＿＿＿＿＿＿＿＿＿＿＿＿

④ ＿＿＿＿＿＿＿＿＿＿＿＿＿＿＿＿＿＿＿＿＿＿＿＿＿＿＿＿＿＿＿＿

⑤ ＿＿＿＿＿＿＿＿＿＿＿＿＿＿＿＿＿＿＿＿＿＿＿＿＿＿＿＿＿＿＿＿

⑥ ＿＿＿＿＿＿＿＿＿＿＿＿＿＿＿＿＿＿＿＿＿＿＿＿＿＿＿＿＿＿＿＿

7．文を完成させなさい。

① 那，＿＿＿＿＿＿＿＿＿＿＿＿＿＿＿＿＿＿＿＿＿＿。

② 是吗？那，＿＿＿＿＿＿＿＿＿＿＿＿＿＿＿＿＿＿＿。

③ 哦，对了，＿＿＿＿＿＿＿＿＿＿＿＿＿＿＿＿＿＿＿。

④ 如果他不去的话，我就＿＿＿＿＿＿＿＿＿＿＿＿＿＿。

⑤ 好像＿＿＿＿＿＿＿＿＿＿，别忘了＿＿＿＿＿＿＿＿＿。

⑥ 要是＿＿＿＿＿＿＿＿的话，请你＿＿＿＿＿＿＿＿＿。

⑦ 行啊！＿＿＿＿＿＿＿＿＿＿＿＿＿＿＿＿＿＿＿＿＿。

⑧ 怪不得＿＿＿＿＿＿＿＿＿这么＿＿＿＿＿＿＿＿＿。

第 10 课 漫画画得真棒！
Dì shí kè

—— 称赞，谦逊，允许 ——
chēngzàn qiānxùn yǔnxǔ
（称贊、謙遜、許可）

基本表现

C15 **1** A：这是我画的画儿。
Zhè shì wǒ huà de huàr.

B：画得真棒啊！
Huàde zhēn bàng a!

画 描く
画儿 絵

真 本当に
棒 すばらしい；すごい；うまい
啊 ～ですね；～だなあ（感嘆の気分を表す）

C16 **2** A：让我看看。
Ràng wǒ kànkan.

B：好，请你多提意见。
Hǎo, qǐng nǐ duō tí yìjiàn.

提意见 意見を出す

C17 **3** A：你真有本事啊！真了不起！
Nǐ zhēn yǒu běnshi a! Zhēn liǎobuqǐ!

B：哪里哪里，你过奖了。
Nǎli nǎli, nǐ guòjiǎng le.

有本事 能力がある；腕前がある
了不起 すばらしい；大したものだ
哪里 いえいえ；とんでもありません（重ねて用いることが多い）

C18 **4** A：不好意思，我还不行。
Bù hǎoyìsi, wǒ hái bùxíng.

B：你太谦虚了。
Nǐ tài qiānxū le.

过奖 ほめすぎる
不好意思 恥ずかしい；きまりが悪い
还 まだ（持続・未変化を表す）

1 ほめる表現。
2 「～させてください」と許可を求める表現と応じ方。
3 ほめる表現と謙遜する表現。
4 謙遜する表現と応じ方。

C19

10

会 話

渡辺さんが漫画を描くことを知った李偉君と劉紅さんはしきりに感心します。

李伟：这 是 什么？
　　　Zhè shì shénme?

渡边：这 是 我 画 的 漫画。
　　　Zhè shì wǒ huà de mànhuà.

李伟：让 我 看看。
　　　Ràng wǒ kànkan.

哎哟！画得 真 棒 啊！没 想到 你 画
Àiyo! huàde zhēn bàng a! Méi xiǎngdào nǐ huà

漫画 这么 拿手。
mànhuà zhème náshǒu.

渡边：哪里 哪里，你 过奖 了。画得 还 不行。
　　　Nǎli nǎli, nǐ guòjiǎng le. Huàde hái bùxíng.

刘红：你 太 谦虚 了。渡边，我 相信 你 将来 一定
　　　Nǐ tài qiānxū le. Dùbiān, wǒ xiāngxìn nǐ jiānglái yídìng

能 成为 漫画家 的。
néng chéngwéi mànhuàjiā de.

李伟：真 了不起！来，再 让 我 好好儿 看看。
　　　Zhēn liǎobuqǐ! Lái, zài ràng wǒ hǎohāor kànkan.

渡边：不 好意思，我 只不过 是 喜欢 罢了。请
　　　Bù hǎoyìsi, wǒ zhǐbuguò shì xǐhuan bàle. Qǐng

你们 多 提 意见。
nǐmen duō tí yìjiàn.

看看　ちょっと見てみる
哎哟　あらっ；あれっ
没想到　～とは思いも寄らなかった
拿手　得意だ

相信　信じる
一定能～的　きっと～できますよ
成为　～になる

来　さあ（人を促す）
再　もっと；さらに；また
好好儿　しっかりと；ちゃんと
只不过是～罢了　ただ～なだけです（"罢了"は"而已"éryǐ とも言う）
喜欢　好きだ；好む

73

■ 関連表現

1 ほめる表現

1) 動作や行為について

C22
- A 画得真棒啊！　　　Huàde zhēn bàng a!
- B 写得真好啊！　　　Xiěde zhēn hǎo a!
- C 唱得真好听！　　　Chàngde zhēn hǎotīng!
- D 做得太好吃了！　　Zuòde tài hǎochī le!
- E 跑得非常快！　　　Pǎode fēicháng kuài!
- F 演得真不错呀！　　Yǎnde zhēn búcuò ya!
- G 打得好极了！　　　Dǎde hǎo jí le!

2) 人物について

C23
- H 你真棒啊！　　　　Nǐ zhēn bàng a!
- I 王老师真好！　　　Wáng lǎoshī zhēn hǎo!
- J 她真了不起！　　　Tā zhēn liǎobuqǐ!
- K 那个人真厉害！　　Nèige rén zhēn lìhai!
- L 她真聪明！　　　　Tā zhēn cōngming!
- M 你真有本事啊！　　Nǐ zhēn yǒu běnshi a!
- N 他人真不错！　　　Tā rén zhēn búcuò!
- O 这孩子太可爱了！　Zhè háizi tài kě'ài le!

> [ひとくち解説] "真〜(啊)" "太〜了" "〜极了" はそれぞれ "〜" の部分を強調する表現です。"〜" の部分に来る言葉は、2) では多くが「すばらしい」「すごい」などの一般的なほめ言葉ですが、1) ではそれ以外にも動作や行為と関わる「(食べて) おいしい」「(聞いて) 心地よい」など、より具体的なほめ言葉も多く用いられます。

2 謙遜する表現と応じ方

C24
- A 哪里哪里。　　　　Nǎli nǎli.
- B 哪儿的话！　　　　Nǎr de huà!
- C 不敢当。　　　　　Bùgǎndāng.
- D 你过奖了。　　　　Nǐ guòjiǎng le.
- E 不好意思。　　　　Bù hǎoyìsi.
- F 我还不行。　　　　Wǒ hái bùxíng.
- G 请你多提意见。　　Qǐng nǐ duō tí yìjiàn.

| H | 我只不过是喜欢罢了。 | Wǒ zhǐbuguò shì xǐhuan bàle. |
| I | 你太谦虚了。 | Nǐ tài qiānxū le. |

(ひとくち解説) A–Hの謙遜する表現は①で学んだ「ほめる表現」への応じ方になります。「基本表現」のように例えばAとD、EとFなど2種類の表現を組み合わせて用いることもあります。BはAより丁寧な表現で、Bの"哪儿"は"哪里"とも言います。Cは繰り返して"不敢当，不敢当。"と言うこともあり、Dも"过奖，过奖。"と言うことがあります。謙遜されて何か返す場合はIのように言います。

③ 「～させてください」と許可を求める表現

A	让我看看。	Ràng wǒ kànkan.
B	让我听听。	Ràng wǒ tīngting.
C	让我闻闻。	Ràng wǒ wénwen.
D	让我尝尝。	Ràng wǒ chángchang.
E	让我说一说。	Ràng wǒ shuō yi shuō.
F	让我试一试。	Ràng wǒ shì yi shì.
G	让我看一下。	Ràng wǒ kàn yíxià.
H	让我来介绍一下。	Ràng wǒ lái jièshào yíxià.

(ひとくち解説) "让我～"は許可を求める表現ですが、"～"の部分には動作や行為を表す言葉（動詞）を重ねたり、その間に"一"を挟んだかたち、あるいは重ねず後ろに"一下"を添えたかたちが多く用いられます。これらのかたちにすると「ちょっと～する」という意味が生じるので、話し手と聞き手の双方にとって気持ちの上で負担軽減となるためでしょう。"请"を文頭に置くと、より丁寧になります。

■「関連表現」の語句
写　xiě　書く
唱　chàng　歌う
好听　hǎotīng　（聞いて）美しい
做　zuò　作る
好吃　hǎochī　（食べて）おいしい
跑　pǎo　走る
快　kuài　速い
演　yǎn　演じる
不错　búcuò　すばらしい；良い
打　dǎ　（手を使うスポーツを）する
〜极了　〜jí le　とっても〜だ；ものすごく〜だ

厉害　lìhai　すごい；すごみがある
人　rén　人柄
哪儿的话　nǎr de huà　とんでもありません
不敢当　bùgǎndāng　恐れ入ります；とんでもありません
听　tīng　聞く
闻　wén　（においを）かぐ
尝　cháng　味を見る；味を試す；食べてみる

■「練習」の語句
考　kǎo　試験を受ける
菜　cài　料理

10

■ 練 習

1. 下線部を入れ替えて発音しなさい。

C27

A 画得真棒啊！
① 写　　　　② 唱　　　　③ 做
④ 考　　　　⑤ 演　　　　⑥ 打

B 让我看看。
① 听听　　　② 尝尝　　　③ 闻闻
④ 看一看　　⑤ 听一听　　⑥ 说一说

2. 場面にふさわしい中国語を言いなさい。

① 歌がうまいとほめる。　　　　　　　＿＿＿＿＿＿＿＿＿＿＿＿＿＿＿＿＿

② 意見を出すよう求める。　　　　　　＿＿＿＿＿＿＿＿＿＿＿＿＿＿＿＿＿

③「彼は本当に賢い。」と言う。　　　　＿＿＿＿＿＿＿＿＿＿＿＿＿＿＿＿＿

④「本当に大したものだ。」とほめる。　＿＿＿＿＿＿＿＿＿＿＿＿＿＿＿＿＿

⑤「まだだめです。」と言う。　　　　　＿＿＿＿＿＿＿＿＿＿＿＿＿＿＿＿＿

⑥「恐れ入ります。」と言う。　　　　　＿＿＿＿＿＿＿＿＿＿＿＿＿＿＿＿＿

3. 日本語を参考に対話文を完成させなさい。

① A：＿＿＿＿＿＿＿＿＿＿＿＿＿＿＿＿——B：这是我画的漫画。
　　　（これは何ですか。）

② A：让我看看。　　　　　　　　　——B：＿＿＿＿＿＿＿＿＿＿＿＿＿＿＿＿
　　　　　　　　　　　　　　　　　　　　（意見を出してください。）

③ A：＿＿＿＿＿＿＿＿＿＿＿＿＿＿＿＿——B：你过奖了。
　　　（本当にうまく描けていますね。）

④ A：我还不行。　　　　　　　　　——B：＿＿＿＿＿＿＿＿＿＿＿＿＿＿＿＿
　　　　　　　　　　　　　　　　　　　　（〔あなたは〕たいへん謙虚ですね。）

⑤ A：真了不起！　　　　　　　　　——B：＿＿＿＿＿＿＿＿＿＿＿＿＿＿＿＿
　　　　　　　　　　　　　　　　　　　　（お恥ずかしい。ただ好きなだけですよ。）

⑥ A：你将来一定能成为漫画家的。　——B：＿＿＿＿＿＿＿＿＿＿＿＿＿＿＿＿
　　　　　　　　　　　　　　　　　　　　（とんでもありません。恐れ入ります。）

77

4．中国語で言いなさい。

① その絵は本当に上手に描けていますね。　_____

② 本当に能力がありますね。　_____

③ いえいえ。ほめすぎです。　_____

④ 私はただ好きなだけですよ。　_____

⑤ もっと私にしっかりと見せてください。　_____

⑥ この料理たいへんおいしくできていますね。　_____

5．中国語を聞いて、その意味を日本語で書きなさい。

C28

① _____
② _____
③ _____
④ _____
⑤ _____
⑥ _____

6．文を完成させなさい。

① 这是_____。

② 画得_____！

③ 让我_____。

④ 请你_____。

⑤ 没想到_____。

⑥ 哪里哪里，_____。

⑦ 我相信你_____。

⑧ 不好意思，_____。

第 11 课
Dì shíyī kè

这个多少钱？
——问价，讲价，付款——
wèn jià   jiǎngjià   fùkuǎn
（値段を尋ねる、値段の交渉、精算）

■ 基本表現

C29

1 A：这个 多少 钱 一 瓶？
　　　Zhèige duōshao qián yì píng?

　　B：五百 六十 块 钱 一 瓶。
　　　Wǔbǎi liùshí kuài qián yì píng.

C30

2 A：那个 怎么 卖？
　　　Nèige zěnme mài?

　　B：一 包 四百 块 钱。
　　　Yì bāo sìbǎi kuài qián.

C31

3 A：能 不 能 便宜 一点儿？
　　　Néng bu néng piányi yìdiǎnr?

　　B：打 八 折 卖给 您 吧。
　　　Dǎ bā zhé màigěi nín ba.

C32

4 A：老板，给 我 算 一下 多少 钱。
　　　Lǎobǎn, gěi wǒ suàn yíxià duōshao qián.

　　B：好。一共 四千 六百 块 钱。
　　　Hǎo. Yígòng sìqiān liùbǎi kuài qián.

　　　收 您 五千 块，找 您 四百。
　　　Shōu nín wǔqiān kuài, zhǎo nín sìbǎi.

多少钱　（金額が）いくら ■ C33
瓶　〜本（瓶に入った物を数える単位）
块　〜円（貨幣の単位）
钱　貨幣単位の後に置き金額を表す。省略することもある
卖　売る
包　〜袋；〜包み（袋入りや包んだ物を数える単位）
能不能　〜できませんか
便宜　安い
一点儿　（差が）少し
打折　（割り引いて）〜掛けにする
卖给　〜に売る
吧　〜しよう（賛成、承知を表す）
老板　（店の）ご主人；おかみさん
给　〜して（ください）
算　計算する
一共　合わせて；合計で
收你　〜をお預かりします（←あなたから〜を受け取る）
找　釣り銭を出す

1 単価の尋ね方と答え方。
2 売り方の尋ね方と答え方。
3 値段の交渉。
4 精算の求め方と答え方。

会 話

李偉君が中華食材店に行くのに、興味をもった渡辺さんがついて行きます。

李伟: 老板，辣酱怎么卖？
Lǎobǎn, làjiàng zěnme mài?

老板: 一瓶二百四十块钱。您看，这种货
Yì píng èrbǎi sìshí kuài qián. Nín kàn, zhèi zhǒng huò

比较受欢迎。
bǐjiào shòu huānyíng.

李伟: 我想要香醋，多少钱一瓶？
Wǒ xiǎng yào xiāngcù, duōshao qián yì píng?

老板: 五百六十块一瓶。
Wǔbǎi liùshí kuài yì píng.

李伟: 老板，这茶叶能不能便宜一些？
Lǎobǎn, zhè cháyè néng bu néng piányi yì xiē?

老板: 如果买一斤，给您打九折，怎么样？
Rúguǒ mǎi yì jīn, gěi nín dǎ jiǔ zhé, zěnmeyàng?

辣酱　トウガラシみそ

这种　この種類の
货　商品；品物

受欢迎　人気がある；
　評判がよい

要　もらう（買う）；
　欲しい；要る
香醋　香酢（香りのある黒酢）

茶叶　お茶；茶葉
一些　少し；いくらか

买　買う
斤　重さの単位（1斤は500g）

11

渡边：李伟，再压压价！
　　　Lǐ Wěi, zài yāya jià!

　　　老板，给打八折吧！
　　　Lǎobǎn, gěi dǎ bā zhé ba!

老板：行啊！您等一下，我给您算一算。
　　　Xíng a! Nín děng yíxià, wǒ gěi nín suàn yi suàn.

　　　多少钱。……一共六千二。
　　　duōshao qián. …… Yígòng liùqiān èr.

　　　收您一万块钱，找您三千八。
　　　Shōu nín yíwàn kuài qián, zhǎo nín sānqiān bā.

　　　欢迎您下次再来。
　　　Huānyíng nín xià cì zài lái.

压压价	ちょっとまける
等	待つ
算一算	計算してみる
下次	次回

■ 関連表現

1 値段の尋ね方と答え方

1) 商品を指して

C36
- A 这个多少钱？——五十块钱。　Zhèige duōshao qián?—— Wǔshí kuài qián.
- B 那个几块钱？——八块钱。　Nèige jǐ kuài qián?—— Bā kuài qián.
- C 这双鞋多少钱？——三千块钱。
  Zhèi shuāng xié duōshao qián?—— Sānqiān kuài qián.
- D 这本书多少钱？——六百五十块。
  Zhèi běn shū duōshao qián?—— Liùbǎi wǔshí kuài.

ひとくち解説　商品の名称が分からない場合でもA、Bのように指し示して尋ねることができます。名称を挙げての尋ね方はC、Dのようになります。

2) 単価について

C37
- E 这烧饼多少钱一个？——五十块钱一个。
  Zhè shāobing duōshao qián yí ge?—— Wǔshí kuài qián yí ge.
- F 这烤鸭多少钱一只？——一千五百块一只。
  Zhè kǎoyā duōshao qián yì zhī?—— Yìqiān wǔbǎi kuài yì zhī.
- G 这鱼多少钱一条？——一百五十块一条。
  Zhè yú duōshao qián yì tiáo?—— Yìbǎi wǔshí kuài yì tiáo.
- H 花瓶多少钱一对儿？——三千块钱一对儿。
  Huāpíng duōshao qián yí duìr?—— Sānqiān kuài qián yí duìr.
- I 餐具多少钱一套？——两千二百块一套。
  Cānjù duōshao qián yí tào?—— Liǎngqiān èrbǎi kuài yí tào.
- J 月饼多少钱一盒？——一千块钱一盒。
  Yuèbing duōshao qián yì hé?—— Yìqiān kuài qián yì hé.
- K 茶叶多少钱一包？——八百块钱一包。
  Cháyè duōshao qián yì bāo?—— Bābǎi kuài qián yì bāo.
- L 茶叶多少钱一斤？——五千块钱一斤。
  Cháyè duōshao qián yì jīn?—— Wǔqiān kuài qián yì jīn.

ひとくち解説　尋ねる文も答える文も、最後に「"一"＋商品を数える単位」を言います。「商品を数える単位」とはE-Gのように物を数える単位であったり、H-Kのように包装の単位であったり、Lのように重さの単位であったりします。花瓶は中国ではしばしばHのように2個が一対として扱われます。

3）売り方について

C38

M 那个怎么卖？—— 一个三百块钱。
　　Nèige zěnme mài? —— Yí ge sānbǎi kuài qián.

N 茶叶怎么卖？—— 一包八百块钱。
　　Cháyè zěnme mài? —— Yì bāo bābǎi kuài qián.

O 辣酱怎么卖？—— 一瓶二百四十块钱。
　　Làjiàng zěnme mài? —— Yì píng èrbǎi sìshí kuài qián.

P 西红柿怎么卖？—— 一斤三百二十块。
　　Xīhóngshì zěnme mài? —— Yì jīn sānbǎi èrshí kuài.

Q 这些家具怎么卖？—— 一套三万块钱。
　　Zhèixiē jiājù zěnme mài? —— Yí tào sānwàn kuài qián.

R 这鱼怎么卖？—— 一百克二百块钱。
　　Zhè yú zěnme mài? —— Yìbǎi kè èrbǎi kuài qián.

(ひとくち解説) "怎么卖？"とは、「どのような売り方で（個数売りやセット売りや重量売りなど）、いくらで売っているか」を尋ねる言い方です。答え方は2)の単価についての場合とは逆に、「"一"＋商品を数える単位」を前に、値段を後に言います。

2 値段の交渉

1）値引きを相談する表現

C39

A 能不能便宜一点儿？　　　　Néng bu néng piányi yìdiǎnr?
B 能不能再便宜一点儿？　　　Néng bu néng zài piányi yìdiǎnr?
C 便宜一些，怎么样？　　　　Piányi yìxiē, zěnmeyàng?
D 再便宜一点儿吧！　　　　　Zài piányi yìdiǎnr ba!
E 还有点儿贵，再便宜一点儿！　Hái yǒudiǎnr guì, zài piányi yìdiǎnr!
F 再压压价！　　　　　　　　Zài yāya jià!
G 老板，少算一百块钱吧。　　Lǎobǎn, shǎo suàn yìbǎi kuài qián ba.
H 老板，打八折吧！怎么样？　Lǎobǎn, dǎ bā zhé ba! Zěnmeyàng?

(ひとくち解説) 中国の個人経営の商店などでは交渉の余地があります。

2）値引きの相談に対する答え方

C40

I 行啊！打八折卖给您吧。　　Xíng a! Dǎ bā zhé màigěi nín ba.
J 行啊！给您打九折。　　　　Xíng a! Gěi nín dǎ jiǔ zhé.
K 行，给您少算二十块钱。　　Xíng, gěi nín shǎo suàn èrshí kuài qián.
L 不能再便宜了。　　　　　　Bù néng zài piányi le.

M 不行，不行。再便宜我就亏本儿了。　Bùxíng, bùxíng. Zài piányi wǒ jiù kuīběnr le.

[ひとくち解説] 交渉してみると、意外にあっさりとI–Kのように値引きに応じてもらえることがあります。もちろんL、Mのように断られることもあります。

③ 精算の求め方と答え方

1) 精算の求め方

C41

A 给我算一下多少钱。　　　　Gěi wǒ suàn yíxià duōshao qián.
B 一共多少钱？　　　　　　　Yígòng duōshao qián?
C 服务员，请结帐。　　　　　Fúwùyuán, qǐng jiézhàng.
D 小姐，给我结帐。　　　　　Xiǎojiě, gěi wǒ jiézhàng.
E 买单。　　　　　　　　　　Mǎidān.

[ひとくち解説] C–Eはレストランなどでの精算の場合です。

2) 精算の求めに対する答え方

C42

F 请等一下，我给您算一算多少钱。
　Qǐng děng yíxià, wǒ gěi nín suàn yi suàn duōshao qián.
G 一共四千六百块钱。　　　　Yígòng sìqiān liùbǎi kuài qián.
H 欢迎您下次再来。　　　　　Huānyíng nín xià cì zài lái.

[ひとくち解説] Hのように言われたら、"谢谢，再见！"などと応じます。

■「関連表現」の語句
双　shuāng　2つで一組の物を数える単位
鞋　xié　靴
烧饼　shāobing　シャオピン（小麦粉をこねて発酵させ丸い餅のような形にして焼き上げた食品）
烤鸭　kǎoyā　ローストダック；アヒルの丸焼き
只　zhī　～羽；～匹（アヒルなどを数える単位）
条　tiáo　細長い物を数える単位
对儿　duìr　～対（対になった物を数える単位）
餐具　cānjù　食器
套　tào　～セット（組になった物を数える単位）
月饼　yuèbing　月餅（げっぺい）
盒　hé　～箱（小型の箱に入った物を数える単位）
西红柿　xīhóngshì　トマト
克　kè　～グラム（重量の単位）
贵　guì　（値段が）高い
少　shǎo　少なめに～する
能　néng　～できる
亏本儿　kuīběnr　損をする；元手をする
服务员　fúwùyuán　店員さん
结帐　jiézhàng　（代金の）勘定をする
小姐　xiǎojiě　（レストランなどの若い女性店員に）お姉さん
买单　mǎidān　（代金の）勘定をする

■「練習」の語句
零　líng　端数；0；ゼロ
新鲜　xīnxian / xīnxiān　新鮮な

■ 練 習

1. 下線部を入れ替えて発音しなさい。

C44　　A　这个<u>多少钱</u>？
① 五块钱。　　② 一百块钱。　　③ 一千块钱。
④ 七百二十九块。　⑤ 一千零五十块。　⑥ 两万八千块。

B　多少钱<u>一个</u>？
① 一瓶　② 一斤　③ 一盒　④ 一套　⑤ 一条　⑥ 一对儿

2. 場面にふさわしい中国語を言いなさい。

① これはいくらか尋ねる。　　　　　＿＿＿＿＿＿＿＿＿＿＿＿＿＿＿

② 新鮮な魚があるか尋ねる。　　　　＿＿＿＿＿＿＿＿＿＿＿＿＿＿＿

③ それはどんな売り方か尋ねる。　　＿＿＿＿＿＿＿＿＿＿＿＿＿＿＿

④ 少し安くしてもらえないかと言う。＿＿＿＿＿＿＿＿＿＿＿＿＿＿＿

⑤ 8掛け（2割引き）で売ると言う。＿＿＿＿＿＿＿＿＿＿＿＿＿＿＿

⑥ 「もうちょっとまけてください。」と言う。
　　　　　　　　　　　　　　　　　＿＿＿＿＿＿＿＿＿＿＿＿＿＿＿

3. 日本語を参考に対話文を完成させなさい。

① A：＿＿＿＿＿＿＿＿＿＿＿＿＿＿＿——B：二百块钱一个。
　　　（これは1ついくらですか。）

② A：我想要香醋，多少钱一瓶？——B：＿＿＿＿＿＿＿＿＿＿＿＿＿
　　　　　　　　　　　　　　　　　　（香酢は1本560円です。）

③ A：＿＿＿＿＿＿＿＿＿＿＿＿＿＿＿——B：打八折卖给你吧。
　　　（少し安くしてもらえませんか。）

④ A：那个怎么卖？——B：＿＿＿＿＿＿＿＿＿＿＿＿＿
　　　　　　　　　　　　（1袋400円です。）

⑤ A：打九折，怎么样？——B：＿＿＿＿＿＿＿＿＿＿＿＿＿
　　　　　　　　　　　　　　（けっこうですよ。9掛けにさせていただきます。）

⑥ A：你给我算一下多少钱。——B：＿＿＿＿＿＿＿＿＿＿＿＿＿
　　　　　　　　　　　　　　　　（合わせて4600円です。）

4．中国語で言いなさい。

① ほら、この商品は人気があります。　_____

② 香酢はどのように売りますか。　_____

③ １割引き（９掛け）ではどうですか。　_____

④ このお茶は１袋いくらですか。　_____

⑤ もっと安くしてください。　_____

⑥ またお越しください。　_____

5．中国語を聞いて、その意味を日本語で書きなさい。

C45

① _____

② _____

③ _____

④ _____

⑤ _____

⑥ _____

6．文を完成させなさい。⑥—⑧は会話としてつながるようにしなさい。

① _____多少钱？

② _____怎么卖？

③ 我想要_____，多少钱_____？

④ 能不能_____？

⑤ 便宜_____，怎么样？

⑥ 一共_____块钱。

⑦ 收您_____。

⑧ 找您_____。

第 12 课 是在这里挂号吗？
Dì shí'èr kè

——挂号，出示证件，接语，答应——
guàhào chūshì zhèngjiàn jiēyǔ dāying
（受付、証明書呈示、つなぎ、承諾）

基本表現

C46 ① A：是 在 这里 挂号 吗？
　　　　 Shì zài zhèli guàhào ma?

　　　B：是 的。您 要 看病 吗？
　　　　 Shì de. Nín yào kànbìng ma?

C47 ② A：您 带 健康 保险证 来 了 吗？
　　　　 Nín dài jiànkāng bǎoxiǎnzhèng lái le ma?

　　　B：带来 了。在 这儿 呢。
　　　　 Dàilai le. Zài zhèr ne.

C48 ③ A：这里 应当 怎么 写？
　　　　 Zhèli yīngdāng zěnme xiě?

　　　B：这里 打 对号，嗯……，这个 地方……
　　　　 Zhèli dǎ duìhào, ng……, zhèige dìfang……

C49 ④ A：请 您 量 一下 体温。
　　　　 Qǐng nín liáng yíxià tǐwēn.

　　　B：知道 了。
　　　　 Zhīdao le.

C50 挂号　（病院の受付で）申し込みをする；登録する
是的　はい；そうです
要　～しようとする；～したい

打对号　チェックマークを入れる
嗯　（言葉が出ないときに）ええ；ええと（mとも発音する）
地方　ところ；部分
量　測る
知道了　分かりました

① 受付での申し込み。
② 証明書の呈示を求める表現と応じ方。
③ つなぎの言葉。
④ 承諾の表現。

12

会 话

劉紅さんが風邪をひいたので、渡辺さんが付き添って中国語の通じる病院を訪ねます。

刘红：你好！我是第一次来看病，是在这里挂号吗？
Nǐ hǎo! Wǒ shì dì yī cì lái kànbìng, shì zài zhèli guàhào ma?

第一次　初めて

护士：对。
Duì.

您带健康保险证来了吗？
Nín dài jiànkāng bǎoxiǎnzhèng lái le ma?

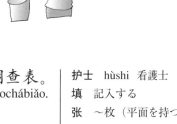

刘红：带来了。在这儿呢。
Dàilai le. Zài zhèr ne.

护士：好，请您填一下这张病况调查表。
Hǎo, qǐng nín tián yíxià zhèi zhāng bìngkuàng diàochábiǎo.

护士　hùshi　看護士
填　記入する
张　~枚（平面を持つ物を数える単位）
病况调查表　問診票

刘红：知道了。渡边，这里应当怎么写？
Zhīdao le. Dùbiān, zhèli yīngdāng zěnme xiě?

渡边：这里打对号，嗯……，这个地方写你的病况，后面写上最近服用的药物。
Zhèli dǎ duìhào, ng……, zhèige dìfang xiě nǐ de bìngkuàng, hòumiàn xiěshàng zuìjìn fúyòng de yàowù.

病况　症状：病状
后面　そのあと；後ろ
写上　書き記す
服用　服用する；（薬を）飲む
药物　薬（yàowu とも発音する）

护士：请给我看一下。好，可以了。再请您量一下体温。
Qǐng gěi wǒ kàn yíxià. Hǎo, kěyǐ le. Zài qǐng nín liáng yíxià tǐwēn.

刘红：好的。……呀！38.1℃。
Hǎo de. …… Yà! Sānshíbā dù yī.

呀　あらっ；あれっ

関連表現

1 受付や窓口での申し込みの表現

1) 病院で

🔊 C53
- A 是在这里挂号吗？　　　　　　Shì zài zhèli guàhào ma?
- B 是在这里量血压吗？　　　　　Shì zài zhèli liáng xuèyā ma?
- C 是在这里采血吗？　　　　　　Shì zài zhèli cǎixiě ma?
- D 是在这里透视吗？　　　　　　Shì zài zhèli tòushì ma?
- E 看门诊是在这里挂号吗？　　　Kàn ménzhěn shì zài zhèli guàhào ma?
- F 看内科是在这里挂号吗？　　　Kàn nèikē shì zài zhèli guàhào ma?

ひとくち解説　A-Dは「ここで～するのですか」、E、Fは「…するにはここで～するのですか」という疑問文のかたちをしていますが、実際には「～したいのですが」という「申し込み」です。Aは"这里是挂号处（guàhàochù）吗？"と言うこともできます。"挂号处"は「病院の受付」です。答えるには"是的。""对。""不是，请您到那边儿问一下。"などとなるでしょう。

2) 病院以外で

🔊 C54
- G 是在这里订房间吗？　　　　　Shì zài zhèli dìng fángjiān ma?
- H 是在这里申请吗？　　　　　　Shì zài zhèli shēnqǐng ma?
- I 申请护照是在这里办手续吗？　Shēnqǐng hùzhào shì zài zhèli bàn shǒuxù ma?
- J 参加辩论大会是在这里报名吗？Cānjiā biànlùn dàhuì shì zài zhèli bàomíng ma?

ひとくち解説　G、Hは「ここで～するのですか」、I、Jは「…するにはここで～するのですか」という疑問文のかたちをしていますが、実際には「～したいのですが」という「申し込み」です。日本語では「受付」や「窓口」という言葉は幅広く使われますが、中国語ではさまざまな言葉で使い分けられます。"挂号处"（病院の受付）、"问讯处" wènxùnchù（案内所；インフォメーション）、"咨询处" zīxúnchù（相談所；相談窓口）、"接待处" jiēdàichù（ホテルのフロントなど）、"服务台" fúwùtái（サービス・カウンター）、"传达室" chuándáshì（守衛室）などです。これらは多くが書き言葉的でいくぶん硬い表現でもありますから、A-Jのように「～する」場所を尋ねればよいのです。

2 呈示を求める表現と応じ方

🔊 C55
- A 你带挂号证来了吗？—— 带来了。在这儿呢。
  Nǐ dài guàhàozhèng lái le ma? —— Dàilai le. Zài zhèr ne.
- B 你带学生证来了吗？—— 带来了。这就是。
  Nǐ dài xuéshēngzhèng lái le ma? —— Dàilai le. Zhè jiù shì.

C 你带印章来了吗？—— 对不起，今天没带来。
　Nǐ dài yìnzhāng lái le ma? —— Duìbuqǐ, jīntiān méi dàilai.

D 你有驾照吗？—— 有。这就是。　Nǐ yǒu jiàzhào ma? —— Yǒu. Zhè jiù shì.

E 请您出示证件。—— 好的。给您。
　Qǐng nín chūshì zhèngjiàn. —— Hǎo de. Gěi nín.

[ひとくち解説]「～を持ってきている」はA-Cの尋ねる文のように"带～来了"で、「～を」が省略される場合はA、Bの答える文のように"带来了"となります。「～を持ってきていない」はCの答える文のように"没带来"。A-Cの尋ねる文は実際にはEと同じ「呈示を求める」表現で、Dの尋ねる文は「呈示を求めたり所持を確認する」表現です。A-CはDのように"有"を用いて"你有挂号证吗？—— 有。在这儿呢。"のように言うこともできます。Eは入国審査や守衛室の入り口などセキュリティーが重視される場面での表現です。"证件"とは外国人の場合、"护照"hùzhào（パスポート）や"在留卡"zàiliúkǎ（在留カード）などを指します。

3 つなぎの言葉

C56
A 还有，嗯……　　　　　　　　Háiyǒu, ng……
B 怎么说呢，嗯……　　　　　　Zěnme shuō ne, ng……
C 你怎么了？——呣……我不想去。Nǐ zěnme le? —— M……wǒ bù xiǎng qù.
D 这个嘛，呣……有点儿麻烦。　Zhèige ma, m……yǒudiǎnr máfan.

[ひとくち解説] 日本語の「ええと…」「あのう…」のように、話の途中で続きの言葉が出てこないとき、つなぎの言葉として多く用いられるのが"ng"や"m"を伸ばしたような音です。文字にすると"嗯"や"呣"となります。他につなぎの言葉として用いられるものに"这个……这个……""那个……那个……"などがありますが、かつての農村を舞台にした映画や小説の中で年配者が用いているようなイメージです。

4 承諾の表現

C57
A 请你量一下体温。—— 知道了。　Qǐng nǐ liáng yíxià tǐwēn. —— Zhīdao le.

B 明天你带她去医院吧。—— 没问题。我带她去。
　Míngtiān nǐ dài tā qù yīyuàn ba. —— Méi wèntí. Wǒ dài tā qù.

C 今天的晚饭应该你做。—— 嗯，我知道了。
　Jīntiān de wǎnfàn yīnggāi nǐ zuò. —— Ňg, wǒ zhīdao le.

D 刘红！—— 嗳，我在这儿呢，我马上就来。
　Liú Hóng! —— Ài, wǒ zài zhèr ne, wǒ mǎshàng jiù lái.

E 哦，我明白了。那好，我马上去办。
　Ò, wǒ míngbai le! Nà hǎo, wǒ mǎshàng qù bàn.
F 欸，我明天一定去。 Èi, wǒ míngtiān yídìng qù.

ひとくち解説 承諾の返事としては"知道了。""没问题。""明白了。"などのほか、"嗯""嗳""哦""欸"など専ら応答で発する言葉が用いられます。後者は単独よりも、多く補足の説明を加えて用いられます。このほか、「はい」「いいですよ」の意味の"好""好的""行""可以"なども返事として用いられます（➡47頁）。

C58

■「関連表現」の語句
采血　cǎixiě　採血する
透视　tòushì　レントゲン（X線）写真を撮る
看门诊　kàn ménzhěn　外来にかかる
看内科　kàn nèikē　内科にかかる
挂号处　guàhàochù　病院の受付
不是　bú shì　いいえ；そうではありません
订房间　dìng fángjiān　（ホテルの）部屋を予約する
办手续　bàn shǒuxù　手続きをする
辩论大会　biànlùn dàhuì　弁論大会
报名　bàomíng　応募する；エントリーする
问讯处　wènxùnchù　案内所；インフォメーション
咨询处　zīxúnchù　相談所；相談窓口
接待处　jiēdàichù　ホテルのフロントなど
服务台　fúwùtái　サービス・カウンター
传达室　chuándáshì　守衛室
挂号证　guàhàozhèng　診察券
这就是　zhè jiù shì　（差し出しながら）これがそうです
对不起　duìbuqǐ　すみません
驾照　jiàzhào　運転免許証（"驾驶证" jiàshǐzhèng とも言う）

出示　chūshì　呈示する
证件　zhèngjiàn　身分証明書；証明書
给您　gěi nín　（差し出しながら）どうぞ
在留卡　zàiliúkǎ　在留許可証
还有　háiyǒu　それから；それに
怎么说呢　zěnme shuō ne　どう言ったらよいか
怎么了　zěnme le　どうしたのですか
呣　m　（言葉が出ないときに）ええ；ええと
嘛　ma　〜はね、…（ポーズを置き相手の注意を引くのに用いる）
麻烦　máfan　面倒である
带　dài　連れる；引き連れる
医院　yīyuàn　病院
晚饭　wǎnfàn　夕食
嗳　ài　はい
马上就　mǎshàng jiù　すぐに；直ちに
明白了　míngbai le　分かりました
去　qù　進んで（〜する）
欸　èi　ええ；はい

■「練習」の語句
体重　tǐzhòng　体重
交钱　jiāo qián　支払う

12

練習

1. 下線部を入れ替えて発音しなさい。

   C59

   A 是在这里挂号吗？
   ① 量体温　　　② 量体重　　　③ 量血压
   ④ 采血　　　　⑤ 透视　　　　⑥ 交钱

   B 您带健康保险证来了吗？
   ① 挂号证　　　② 保险证　　　③ 印章
   ④ 护照　　　　⑤ 在留卡　　　⑥ 学生证

2. 場面にふさわしい中国語を言いなさい。

   ① ここは診察の受付の場所か尋ねる。　_____

   ② 診察を受けるか尋ねる。　_____

   ③ 保険証を持参しているか尋ねる。　_____

   ④ 問診票に記入するように言う。　_____

   ⑤「ここはどう書くべきですか。」と尋ねる。　_____

   ⑥ 体温を測るように言う。　_____

3. 日本語を参考に対話文を完成させなさい。

   ① A：_____——B：是的。您要看病吗？
   　　　（ここで申し込みをするのですか。）

   ② A：_____——B：带来了。在这儿呢。
   　　　（保険証を持っていらっしゃいましたか。）

   ③ A：请您填一下病况调查表。——B：_____
   　　　　　　　　　　　　　　　　　（分かりました。）

   ④ A：_____——B：嗯……，这个地方写你的病况。
   　　　（ここはどのように書くべきですか。）

   ⑤ A：_____——B：好的。……呀！38.2℃。
   　　　（ちょっと体温を測ってください。）

   ⑥ A：您带印章来了吗？——B：_____
   　　　　　　　　　　　　　　　（すみません、今日は持ってきていません。）

4．中国語で言いなさい。

① 私は初めて診察を受けに来たのです。　_____

② ここで手続きをするのですか。　_____

③ ちょっと問診票に記入してください。　_____

④ ここはあなたの病状を書きます。　_____

⑤ 私にちょっと見せてください。　_____

⑥ 身分証明書をご提示ください。　_____

5．中国語を聞いて、その意味を日本語で書きなさい。

C60

① _____

② _____

③ _____

④ _____

⑤ _____

⑥ _____

6．文を完成させなさい。

① 我是第一次来_____。

② 是在_____吗？

③ 您有_____吗？

④ 您带_____来了吗？

⑤ 再请您_____。

⑥ _____怎么写？

⑦ 这里_____，嗯……，这个地方_____，后面_____。

⑧ 请给我_____。

第 13 课
dì shísān kè

去关帝庙怎么走？
——问路，惊讶，选择，祈愿——
wèn lù jīngyà xuǎnzé qíyuàn
（道を尋ねる、驚き、選択、祈り）

基本表現

C61 ① A：请问， 去 关帝庙 怎么 走？
　　　　Qǐngwèn, qù Guāndìmiào zěnme zǒu?

　　　B：往 前走 一会儿 就 能 看到 了。
　　　　Wǎng qián zǒu yìhuǐr jiù néng kàndào le.

C62 ② A：哎呀！好像 来到 中国 一样。
　　　　Àiya! Hǎoxiàng láidào Zhōngguó yíyàng.

　　　B：真 没 想到 有 这么 大 的 中华街。
　　　　Zhēn méi xiǎngdào yǒu zhème dà de Zhōnghuájiē.

C63 ③ A：他们 是 来 参观 的，
　　　　Tāmen shì lái cānguān de,

　　　　还是 来 参拜 的？
　　　　háishi lái cānbài de?

　　　B：有的 是 来 参观 的，
　　　　Yǒude shì lái cānguān de,

　　　　有的 是 来 参拜 的。
　　　　yǒude shì lái cānbài de.

C64 ④ A：他们 在 求 神仙 祈愿 什么 呢？
　　　　Tāmen zài qiú shénxiān qíyuàn shénme ne?

　　　B：他们 在 求神 保佑 自己 能 多 赚 钱。
　　　　Tāmen zài qiúshén bǎoyòu zìjǐ néng duō zhuàn qián.

C65
请问　すみません；お尋ねしますが
关帝庙　関帝廟
走　行く；歩く
往前　先の方へ；前に向かって
看到　見える；目にする
哎呀　わあ
来到　〜にやってきた
一样　〜のようだ；同じである
是〜的　〜したのである（"〜"部分を強調する）
还是　（〜か）それとも…か
有的〜，有的…　ある人は〜、ある人は…
在　〜している
求神仙　神様にお願いする
祈愿　祈る
呢　どうなのか知りたいという気持ちを表す
保佑　加護する；（神仏が）守り助ける
赚钱　金をもうける

① 道の尋ね方と答え方。
② 驚きの表現。
③ 2つから選ぶ表現。
④ 祈る内容の尋ね方と答え方。

会 話

渡辺さんと李偉君は高橋先生について中華街を散策します。

渡辺：哎呀！ 好像 来到 中国 一样。
　　　Àiya! Hǎoxiàng láidào Zhōngguó yíyàng.

李伟：真 没 想到 日本 有 这么 大 的 中华街！
　　　Zhēn méi xiǎngdào Rìběn yǒu zhème dà de Zhōnghuájiē!

高桥老师：这个 中华街 已经 有 100 多 年 的 历史 了。再 往 前 走 就 能 看到 关帝庙 了。
Zhèige Zhōnghuájiē yǐjīng yǒu yìbǎi duō nián de lìshǐ le. Zài wǎng qián zǒu jiù néng kàndào Guāndìmiào le.

已经　もう：すでに
多　〜余り

李伟：是 吗？这里 还 有 关帝庙 啊！
　　　Shì ma? Zhèli hái yǒu Guāndìmiào a!

还　さらに：また

関帝廟の入り口に来て。

渡辺：那些 人 是 来 参观 的，还是 来 参拜 的？
　　　Nèixiē rén shì lái cānguān de, háishi lái cānbài de?

要是 来 参拜 的话，都 祈愿 什么 呢？
Yàoshi lái cānbài dehuà, dōu qíyuàn shénme ne?

高桥老师：有的 是 来 参观 的，有的 是 来 参拜 的。
Yǒude shì lái cānguān de, yǒude shì lái cānbài de.

关 羽 是 古代 英雄。过去 是 战神，现在
Guān Yǔ shì gǔdài yīngxióng. Guòqù shì zhànshén, xiànzài

是 财神爷。所以，参拜 的 人 都 在 求
shì cáishényé. Suǒyǐ, cānbài de rén dōu zài qiú

神仙 保佑 自己 能 多 赚 钱……。
shénxiān bǎoyòu zìjǐ néng duō zhuàn qián…….

你们 饿 了 吧？我们 找 个 地方 吃 顿 饭
Nǐmen è le ba? Wǒmen zhǎo ge dìfang chī dùn fàn

吧！
ba!

关羽 関羽（三国志の英雄）。中国や海外の中華街にある"关帝庙"に祭られている
古代 昔
过去 昔；以前
战神 戦いの神
现在 今；現在
财神爷 福の神；富をもたらす神様
所以 だから；したがって
饿 腹がすいている
找个地方 どこかで（←場所を探して）
吃顿饭 ご飯でも食べる

■ 関連表現

1 道の尋ね方と答え方

C68

A 去图书馆怎么走？—— 往前走一百米左右左边儿就是。
　Qù túshūguǎn zěnme zǒu? —— Wǎng qián zǒu yìbǎi mǐ zuǒyòu zuǒbianr jiù shì.

B 去邮局怎么走？—— 往东走四五分钟右边儿就是。
　Qù yóujú zěnme zǒu? —— Wǎng dōng zǒu sì wǔ fēnzhōng yòubianr jiù shì.

C 去车站怎么走？—— 从前面的红绿灯往右拐就到了。
　Qù chēzhàn zěnme zǒu? —— Cóng qiánmiàn de hónglǜdēng wǎng yòu guǎi jiù dào le.

D 去动物园走哪条路？—— 请您走右边儿那条路。
　Qù dòngwùyuán zǒu něi tiáo lù? —— Qǐng nín zǒu yòubianr nèi tiáo lù.

E 去东西大学走哪个出口？—— 请走A3出口。
　Qù Dōngxī dàxué zǒu něige chūkǒu? —— Qǐng zǒu A sān chūkǒu.

F 请问，去中华街怎么走？—— 从这儿走，走到第二个红绿灯往左拐就是中华街的入口了。
　Qǐngwèn, qù Zhōnghuájiē zěnme zǒu? —— Cóng zhèr zǒu, zǒudào dì èr ge hónglǜdēng wǎng zuǒ guǎi jiù shì Zhōnghuájiē de rùkǒu le.

G 请问，去动物园怎么走？—— 再往前走就能看到动物园的大门了。
　Qǐngwèn, qù dòngwùyuán zěnme zǒu? —— Zài wǎng qián zǒu jiù néng kàndào dòngwùyuán de dàmén le.

H 请问，去车站是走这条路吗？—— 一直往前走就到了。
　Qǐngwèn, qù chēzhàn shì zǒu zhèi tiáo lù ma? —— Yìzhí wǎng qián zǒu jiù dào le.

(ひとくち解説) 丁寧に尋ねるにはF-Hのように最初に"请问"をつけます。答えが聞き取れない場合は"请您再说一遍。"Qǐng nín zài shuō yí biàn.（もう一回お願いします。）と言えばよいでしょう。Cの"从"は「～を」、Fの"从"は「～から」と訳せますが、「ある地点を起点とする」という意味では同じです。

2 驚きの表現

1) 何かを目にして

C69

A 啊！是你呀。　　　　　　À! shì nǐ ya.
B 呀！要下雨了。　　　　　Yà! Yào xià yǔ le.
C 哎呀！这里变化太大了！　Àiya! Zhèli biànhuà tài dà le.
D 哎哟！你都长这么高了！　Àiyo! Nǐ dōu zhǎng zhème gāo le!
E 嚯！这儿的人真多！　　　Huò! Zhèr de rén zhēn duō!

F 真没想到你来得这么早！ Zhēn méi xiǎngdào nǐ láide zhème zǎo!

> [ひとくち解説] 突然何かを目にしたとき、多くの場合、まず"啊""呀""哎呀""哎哟""嚯"などの言葉が思わず口をついて出ます。それに続けて具体的な内容が述べられます。Fの"真没想到～"はそれ自体に驚きの気持ちが含まれていますが、その前にさらに"啊"などの言葉を発することもあります。

2) 何かを聞いて

C70
G 这附近还有一座关帝庙呢。—— 是吗？这里还有关帝庙啊！
Zhè fùjìn hái yǒu yí zuò Guāndìmiào ne. —— Shì ma? Zhèli hái yǒu Guāndìmiào a!

H 她考上东西大学了。—— 真的？太厉害了！
Tā kǎoshàng Dōngxī dàxué le. —— Zhēnde? Tài lìhai le!

I 这个公园里还有熊猫呢。—— 真的吗？那我们得去看看。
Zhèige gōngyuánli hái yǒu xióngmāo ne. —— Zhēnde ma? Nà wǒmen děi qù kànkan.

J 听说他们俩结婚了。—— 欸！这难道是真的？
Tīngshuō tāmen liǎ jiéhūn le. —— Éi! Zhè nándào shì zhēnde?

K 你复习了吗？—— 啊？明天有考试？
Nǐ fùxí le ma? —— Á? Míngtiān yǒu kǎoshì?

> [ひとくち解説] G–Jの"是吗？""真的？""真的吗？""这难道是真的？"は疑問文のかたちをしていても疑問を表しているわけではありません。反語で、実際には「そうではないでしょう」という意味です。J、Kは"欸""啊"も含めて相手の発言に驚きをもって反応しています。

3 2つから選ぶ表現

1) "还是"を用いる場合

C71
A 你是来接人的，还是来送人的？—— 我是来送人的。
Nǐ shì lái jiē rén de, háishi lái sòng rén de? —— Wǒ shì lái sòng rén de.

B 你洗澡，还是吃饭？—— 先洗澡吧。
Nǐ xǐzǎo, háishi chī fàn? —— Xiān xǐzǎo ba.

C 走着去，还是坐公交车去？—— 走着去吧。
Zǒuzhe qù, háishi zuò gōngjiāochē qù? —— Zǒuzhe qù ba.

D 你喝咖啡，还是喝茶？—— 我想喝啤酒。
Nǐ hē kāfēi, háishi hē chá? —— Wǒ xiǎng hē píjiǔ.

E 你去，还是他去？—— 我不想去。让他去吧。
Nǐ qù, háishi tā qù? —— Wǒ bù xiǎng qù. Ràng tā qù ba.

ひとくち解説　尋ねる文は"甲（Jiǎ），还是乙（yǐ）？"（甲それとも乙？）のかたちで、どちらかを選ぶように求めています。答えは基本的にはどちらかを選びますが、D、Eのように単純な選択ではない答え方をすることもあります。

2）"还是"を用いない場合

C72
F　是男的是女的？—— 是男的。　　Shì nán de shì nǚ de? —— Shì nán de.
G　要大的要小的？—— 要大的。　　Yào dà de yào xiǎo de? —— Yào dà de.
H　去左边儿去右边儿？—— 去右边儿。　Qù zuǒbianr qù yòubianr? —— Qù yòubianr.

ひとくち解説　短い文で、2つから選ぶことが分かる場合は"还是"を用いず続けて言い、答える文も"甲。""乙。"と答えることも少なくありません。"甲"と"乙"は対比的な表現であることが多くなります。

4　祈りの表現

1）祈る内容の尋ね方と答え方

C73
A　你想求神仙保佑什么呢？—— 我想求神仙保佑家人的健康。
　　Nǐ xiǎng qiú shénxiān bǎoyòu shénme ne? —— Wǒ xiǎng qiú shénxiān bǎoyòu jiārén de jiànkāng.
B　新年你想祈愿什么呢？—— 我想求神仙保佑自己能考上大学。
　　Xīnnián nǐ xiǎng qíyuàn shénme ne? —— Wǒ xiǎng qiú shénxiān bǎoyòu zìjǐ néng kǎoshàng dàxué.

2）祈りの言葉

C74
C　神灵啊，请保佑孩子们健康成长！
　　Shénlíng a, qǐng bǎoyòu háizimen jiànkāng chéngzhǎng!
D　祈求神灵保佑我一切顺利，身体健康！
　　Qíqiú Shénlíng bǎoyòu wǒ yíqiè shùnlì, shēntǐ jiànkāng!
E　愿上苍保佑我的父母长生不老！
　　Yuàn Shàngcāng bǎoyòu wǒ de fùmǔ chángshēng bù lǎo!
F　关公啊，请您保佑我明年无病无灾，发大财！
　　Guāngōng a, qǐng nín bǎoyòu wǒ míngnián wú bìng wú zāi, fā dà cái!

ひとくち解説　漢民族は、まず線香をあげてから手を合わせ祈りの言葉をつぶやくことが多いようです。「神様」と呼びかけるときは、多くC、Dのように"神灵"と言います。Eの"上苍"は日本の「お天道様」に近く、"老天爷" lǎotiānyé とも言います。仏教では"佛祖" Fózǔ（仏様）や"观音菩萨" Guānyīn púsà（観音菩薩様）、キリスト教では"上帝" Shàngdì（主）と言います。

13

■「関連表現」の語句

米　mǐ　メートル
左右　zuǒyòu　～ぐらい；～前後
左边儿　zuǒbianr　左；左側
就是　jiù shì　ほかでもなくそうです
邮局　yóujú　郵便局
往东　wǎng dōng　東の方へ；東に向かって
分钟　fēnzhōng　～分間（時間量の単位）
车站　chēzhàn　駅；停留所
前面　qiánmiàn　前方；前
红绿灯　hónglǜdēng　信号；交通信号灯
往右　wǎng yòu　右の方へ；右に向かって
拐　guǎi　曲がる
路　lù　道；道路
走到　zǒudào　～まで行く；～まで歩く
第二个　dì èr ge　二つ目の
往左　wǎng zuǒ　左の方へ；左に向かって
大门　dàmén　正門；表門
一直　yìzhí　まっすぐに；ずっと
遍　biàn　～回；～遍（動作の最初から最後までを数える単位）
长　zhǎng　成長する；育つ
嚯　huò　おやっ；あれっ（男性が多く用いる）
附近　fùjìn　近く；付近
座　zuò　寺院や山を数える単位
熊猫　xióngmāo　パンダ
俩　liǎ　二人
难道　nándào　まさか～ではないでしょう
啊　á　ええっ；何だって
送　sòng　見送る；送る
洗澡　xǐzǎo　ふろに入る；入浴する
吃饭　chī fàn　ご飯を食べる；食事をする

走着去　zǒuzhe qù　歩いて行く
公交车　gōngjiāochē　バス
喝　hē　飲む
咖啡　kāfēi　コーヒー
啤酒　píjiǔ　ビール
男的　nán de　男（の人）；男物
女的　nǚ de　女（の人）；女物
家人　jiārén　家族
神灵　Shénlíng　（呼びかけて）神様
啊　a　（呼びかけの対象に添えて）親しみを表す
祈求　qíqiú　（神様などに）お願いする
愿　yuàn　願う；望む
上苍　Shàngcāng　天の神様
长生不老　chángshēng bù lǎo　長生きする
关公　Guāngōng　関羽様（関羽への敬称）
无病无灾　wú bìng wú zāi　平穏無事である；無病息災
发财　fācái　金がもうかる；金持ちになる。"发大财"の"大"は口調を整えるために添えられている
老天爷　Lǎotiānyé　天の神様；お天道様
佛祖　Fózǔ　仏様
观音菩萨　Guānyīn púsà　観音菩薩様
上帝　Shàngdì　主（キリスト教の神）

■「練習」の語句

取药　qǔ yào　薬を取る
考试　kǎoshì　試験を受ける
买东西　mǎi dōngxi　買い物をする
看货　kàn huò　（買わずに）品物を見る
海里　hǎili　海の中

練 習

1. 下線部を入れ替えて発音しなさい。

   A 去<u>中华街</u>怎么走？
   ① 食堂　　　　② 图书馆　　　　③ 礼堂
   ④ 电影院　　　⑤ 医院　　　　　⑥ 车站

   B 他们是来<u>参观</u>的，还是来<u>参拜</u>的？
   ① 留学　访问　　② 看病　取药　　③ 接人　送人
   ④ 报名　考试　　⑤ 买东西　看货　⑥ 喝茶　吃饭

2. 場面にふさわしい中国語を言いなさい。

   ① 関帝廟にはどのように行くのか尋ねる。　_____

   ②「本当ですか。ここにはさらに中華街もあるんですね。」と驚く。

   　_____

   ③ 右に曲がるのか左に曲がるのか尋ねる。　_____

   ④「新年に君は何を祈りたいの？」と尋ねる。　_____

   ⑤「わあ。まるで中国に来たみたい。」と驚く。　_____

   ⑥ 神様に自分が来年すべて順調であるように祈る。　_____

3. 日本語を参考に対話文を完成させなさい。

   ① A：_____　——B：从前面的红绿灯往右拐就到了。
   　　（すみません、中華街にはどのように行きますか。）

   ② A：这附近还有一座关帝庙呢。　——B：_____
   　　　　　　　　　　　　　　　　（そうですか。ここにはさらに関帝廟もあるんですね。）

   ③ A：关羽是战神，还是财神爷？　——B：_____
   　　　　　　　　　　　　　　　　（昔は戦いの神でしたが、今は福の神です。）

   ④ A：哎呀！好像来到中国一样。　——B：_____
   　　　　　　　　　　　　　　　　（こんなに大きな中華街があるなんて本当に思いも寄らなかった。）

   ⑤ A：你复习了吗？　——B：_____
   　　　　　　　　　　（ええっ。あした試験があるのですか。）

   ⑥ A：你求神仙祈愿什么呢？　——B：_____
   　　　　　　　　　　　　　　（私は神様に家族の健康を守ってくださるようお願いしています。）

4. 中国語で言いなさい。

① 動物園へはどの道を行きますか。　_____

② そうなの？この動物園にパンダもいるなんて。　_____

③ わあ。まるで海の中にいるみたい。　_____

④ 男ですか、女ですか。　_____

⑤ 君は神様にお願いして何を祈りますか。　_____

⑥ 私たちはどこかでご飯でも食べましょう。　_____

5. 中国語を聞いて、その意味を日本語で書きなさい。

C77

① _____
② _____
③ _____
④ _____
⑤ _____
⑥ _____

6. 文を完成させなさい。

① 去_____怎么走？

② 是吗？这里还有_____啊！

③ _____，还是_____？

④ 哎呀！好像_____一样。

⑤ 从_____往_____拐_____。

⑥ 神灵啊，请保佑我_____！

⑦ 你们_____吧？

⑧ 找个地方_____吧。

103

第 14 课
Dì shísì kè

过年好！
——贺年，道歉，安慰，干杯——
hènián dàoqiàn ānwèi gānbēi
（新年のあいさつ、おわび、慰め、乾杯）

基本表现

C78 **1** A：过年 好！
　　　　Guònián hǎo!

　　　B：过年 好！恭喜 发财！
　　　　Guònián hǎo! Gōngxǐ fācái!

C79 **2** A：对不起！我 来晚 了。
　　　　Duìbuqǐ! Wǒ láiwǎn le.

　　　B：没 什么。我 也 刚 来。
　　　　Méi shénme. Wǒ yě gāng lái.

C80 **3** A：我 没 帮上 忙，真 不 好意思。
　　　　Wǒ méi bāngshang máng, zhēn bù hǎoyìsi.

　　　B：哪儿 的 话 呀！你 是 客人 嘛。
　　　　Nǎr de huà ya! Nǐ shì kèren ma.

C81 **4** A：来，大家 一起 为 新年 干杯 吧！干杯！
　　　　Lái, dàjiā yìqǐ wèi xīnnián gānbēi ba! Gānbēi!

　　　A:
　　　B：干杯！
　　　　Gānbēi!

C82
过年好 （「春節」に）あけましておめでとう
恭喜发财 お金もうけができますように（「春節」のあいさつ）
来晚 （来るのが）遅い
没什么 何でもありません
刚 〜したばかりである
没帮上忙 手伝えていない；手伝えなかった
不好意思 申し訳ありません（申し訳が立たない）
客人 お客
嘛 〜ではありませんか（事実の念押しをする）

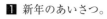

1 新年のあいさつ。
2 3 おわびとそれを慰める表现。
4 乾杯の表现。

14

会 話

今日は中国の「春節」です。渡辺さんは王先生の家に招かれて中国の餃子を食べます。

渡 边：王 老师，过年 好！
Wáng lǎoshī, guònián hǎo!

王老师：过年 好！快 请 进！欢迎 你 来 做客！
Guònián hǎo! Kuài qǐng jìn! Huānyíng nǐ lái zuòkè!

快	早く；急いで
进	入る

渡边，坐，坐 吧！
Dùbiān, zuò, zuò ba!

渡 边：对不起！我 来晚 了。
Duìbuqǐ! Wǒ láiwǎn le.

刘 红：没 什么。我 也 刚 来。
Méi shénme. Wǒ yě gāng lái.

水 开 了。李 伟，快 把 饺子 下到 锅里
Shuǐ kāi le. Lǐ Wěi, kuài bǎ jiǎozi xiàdào guōli

水开了	湯が沸いた
下到	〜に入れる
锅里	鍋の中

吧！
ba!

李 伟： 好 嘞。我 来 吧。先 煮 一半儿，好 吗？
　　　　Hǎo lei. Wǒ lái ba. Xiān zhǔ yíbànr, hǎo ma?

好嘞	いいよ
来	やる；する
煮	ゆでる

王老师： 好，就 煮 一半儿 吧。
　　　　Hǎo, jiù zhǔ yíbànr ba.

一半儿　半分

渡　边： 王 老师，这么 多 饺子 都 是 您 一 个
　　　　Wáng lǎoshī, zhème duō jiǎozi dōu shì nín yí ge

人 包 的 吗？
rén bāo de ma?

包　（餃子を）作る

王老师： 不是，是 李 伟 和 刘 红 帮 我 一起
　　　　Búshì, shì Lǐ Wěi hé Liú Hóng bāng wǒ yìqǐ

包 的。
bāo de.

渡　边： 我 没 帮上 忙，实在 不 好意思 啊。
　　　　Wǒ méi bāngshang máng, shízài bù hǎoyìsi a.

实在　本当に；実に

王老师： 哪儿 的 话 呀！你 是 客人 嘛。
　　　　Nǎr de huà ya! Nǐ shì kèren ma.

好 了，大家 一起 为 新年 干杯 吧！
Hǎo le, dàjiā yìqǐ wèi xīnnián gānbēi ba!

好了　（話題を変える）
　　それでは；よし

干杯！
Gānbēi!

大　家： 干杯！
　　　　Gānbēi!

関連表現

1 新年のあいさつ

C85
- A 过年好！—— 过年好！　　　　　　Guònián hǎo! —— Guònián hǎo!
- B 新年好！—— 新年好！　　　　　　Xīnnián hǎo! —— Xīnnián hǎo!
- C 王老师，过年好！—— 过年好！　　Wáng lǎoshī, guònián hǎo! —— Guònián hǎo!
- D 新年快乐！—— 新年愉快！　　　　Xīnnián kuàilè! —— Xīnnián yúkuài!
- E 恭喜发财！—— 恭喜！恭喜！　　　Gōngxǐ fācái! —— Gōngxǐ! Gōngxǐ!
- F 过年好！—— 过年好！恭喜发财！　Guònián hǎo! —— Guònián hǎo! Gōngxǐ fācái!

(ひとくち解説) A、Bは常用される簡潔なあいさつで、あいさつを返す場合も同じ言葉を返せます。Cのように相手への呼びかけも添えると、より親しみのこもったあいさつとなるでしょう。D、Eの場合、あいさつを返す人は少し変えた表現を選ぶのが一般的です。"恭喜"は単独で用いる場合は二回くり返します。あいさつを返す場合、Fのように二種類のあいさつ言葉を続けることもできます。なお、"新年"はかつては「春節（旧暦の正月）」ではなく「新暦の正月」を指す言葉でしたが、現在では「春節」にも使われるようになりました。

2 おわびとそれを慰める表現

C86
- A 对不起！让你久等了。—— 没关系。我也刚到。
  Duìbuqǐ! Ràng nǐ jiǔděng le. —— Méi guānxi. Wǒ yě gāng dào.
- B 请原谅！我把咖啡洒了。—— 不要紧。用这个纸巾擦一下。
  Qǐng yuánliàng! Wǒ bǎ kāfēi sǎ le. —— Búyàojǐn. Yòng zhèige zhǐjīn cā yíxià.
- C 我来晚了，实在抱歉！—— 没什么。大家都在喝茶呢。
  Wǒ láiwǎn le, shízài bàoqiàn! —— Méi shénme. Dàjiā dōu zài hē chá ne.
- D 给你添麻烦了，真过意不去！—— 请你不要客气！
  Gěi nǐ tiān máfan le, zhēn guòyìbuqù. —— Qǐng nǐ búyào kèqi!
- E 这都是我的责任，我向你道歉！—— 不，我也有责任。
  Zhè dōu shì wǒ de zérèn, wǒ xiàng nǐ dàoqiàn! —— Bù, wǒ yě yǒu zérèn.

(ひとくち解説) おわびをする表現、慰める表現ではその一部に下線部のような決まり文句が含まれることも少なくありません。慰めるには、相手の責任を否定したり軽減したりすることで、わびる必要がないことを言います。Cの"实在"とDの"真"はどちらを用いてもかまいません。

3 不幸を慰める表現

C87

A 不要紧。你的病没什么大不了的。　Búyàojǐn. Nǐ de bìng méi shénme dàbuliǎo de.
B 别担心。你母亲的病很快就会好的。
　　Bié dānxīn. Nǐ mǔqin de bìng hěn kuài jiù huì hǎo de.
C 不要难过，还会有机会的。　Búyào nánguò, hái huì yǒu jīhuì de.
D 你放心吧。下次你一定能考上。
　　Nǐ fàngxīn ba. Xià cì nǐ yídìng néng kǎoshàng.
E 别伤心了。他还会来找你的。　Bié shāngxīn le. Tā hái huì lái zhǎo nǐ de.

(ひとくち解説) 「慰める表現」は ②の「おわびの表現」に対する場合のほか、相手の不幸を慰める場合にも用います。ここでも下線部のような決まり文句が用いられることが少なくありませんが、多くの場合、励ます表現と一体となります。A、Bは相手や相手の関係者が病気の場合、C、Dは相手が何かに失敗した場合、Eは相手が対人関係に悩んでいる場合です。慰められた場合は、基本的に"谢谢。""谢谢你。"と応じます。

4 乾杯の表現

C88

A 为新年干杯！　Wèi xīnnián gānbēi!
B 为健康干杯！　Wèi jiànkāng gānbēi!
C 为幸福干杯！　Wèi xìngfú gānbēi!
D 为友情干杯！　Wèi yǒuqíng gānbēi!
E 为我们的友谊干杯！　Wèi wǒmen de yǒuyì gānbēi!
F 为我们的合作干杯！　Wèi wǒmen de hézuò gānbēi!
G 为日中友好干杯！　Wèi Rì Zhōng yǒuhǎo gānbēi!
H 来，为大家的健康干杯！　Lái, wèi dàjiā de jiànkāng gānbēi!
I 祝大家新年愉快，干杯！　Zhù dàjiā xīnnián yúkuài, gānbēi!
J 祝你们学习进步，干杯！　Zhù nǐmen xuéxí jìnbù, gānbēi!
K 祝你身体健康，干杯！　Zhù nǐ shēntǐ jiànkāng, gānbēi!
L 好了，大家一起干杯吧！干杯！　Hǎo le, dàjiā yìqǐ gānbēi ba! Gānbēi!
M 来，干杯吧！干杯！　Lái, gānbēi ba! Gānbēi!

(ひとくち解説) 多く用いられるのはA-Hの"为～干杯！"（～のために乾杯）とI-Kの"祝～，干杯！"（～を願って／祈って、乾杯）の2種類です。L、Mのように、具体的な目的は挙げないこともあります。Lは上の立場の人がとる音頭で、Mは親しい人だけでする場合です。乾杯をするとき、相手が目上であれば、自分の杯の位置を相手より低くするのが礼儀です。

14

■「関連表現」の語句

新年好　xīnnián hǎo　　新年おめでとう
久等　jiǔděng　長い間待つ
没关系　méi guānxi　かまわない；大丈夫です
原谅　yuánliàng　許す；勘弁する
洒　sǎ　こぼす
不要紧　búyàojǐn　大丈夫です；差し支えありません
纸巾　zhǐjīn　ティッシュ
擦　cā　拭く
抱歉　bàoqiàn　申し訳ありません（すまないと思う）
过意不去　guòyìbuqù　申し訳ありません（気が済まない）
客气　kèqi　気を遣う；遠慮する
向～道歉　xiàng～dàoqiàn　～に謝る
不　bù　いいえ
没什么大不了的　méi shénme dàbuliǎo de　何も大したことはありません
病　bìng　病気
担心　dānxīn　心配する
很快就　hěn kuài jiù　すぐに；じきに
会　huì　～だろう
难过　nánguò　嘆く；つらく思う
放心　fàngxīn　安心する
别～了　bié～le　（動作・行為をやめさせようとする）～しないように
伤心　shāngxīn　悲しむ
找　zhǎo　訪ねる；会う
友情　yǒuqíng　（特に個人的な）友情
友谊　yǒuyì　（特に異なる国の人の間の）友情
合作　hézuò　協力；提携

■ 練 習

1. 下線部を入れ替えて発音しなさい。

   C90
   A 为<u>新年</u>干杯！
   ① 幸福　　② 友情　　③ 健康
   ④ 我们的友谊　⑤ 我们的合作　⑥ 日中友好

   B 我没帮上忙，<u>真不好意思</u>！
   ① 对不起啊　　② 真抱歉　　③ 请您原谅
   ④ 实在对不起　⑤ 实在抱歉　⑥ 实在不好意思

2. 場面にふさわしい中国語を言いなさい。

   ① 新年のあいさつを言う。　　＿＿＿＿＿＿＿＿＿＿＿＿＿

   ②「おめでとうございます。」と言う。　＿＿＿＿＿＿＿＿＿

   ③ 来るのが遅かったことを謝る。　＿＿＿＿＿＿＿＿＿＿＿

   ④「何でもありません。」と言う。　＿＿＿＿＿＿＿＿＿＿＿

   ⑤ 乾杯の音頭をとる。　＿＿＿＿＿＿＿＿＿＿＿＿＿＿＿

   ⑥「あなたたちの学習の成果が上がるよう祈って、乾杯。」と言う。
   　＿＿＿＿＿＿＿＿＿＿＿＿＿＿＿＿＿＿＿＿＿＿＿＿＿

3. 日本語を参考に対話文を完成させなさい。

   ① A：＿＿＿＿＿＿＿＿＿＿＿＿＿——B：过年好！恭喜发财！
   　　（あけましておめでとうございます。）

   ② A：快把饺子下到锅里吧！——B：＿＿＿＿＿＿＿＿＿＿＿
   　　　　　　　　　　　　　　　（いいよ。私がやりましょう。）

   ③ A：给你添麻烦了！——B：＿＿＿＿＿＿＿＿＿＿＿＿＿＿
   　　　　　　　　　　（何でもありません。お気遣いなさらないでください。）

   ④ A：＿＿＿＿＿＿＿＿＿＿＿＿＿——B：哪儿的话呀！你是客人嘛。
   　　（お手伝いできておらず、本当に申し訳ありません。）

   ⑤ A：先煮一半儿，好吗？——B：＿＿＿＿＿＿＿＿＿＿＿＿
   　　　　　　　　　　　　　（はい。それじゃ半分ゆでましょう。）

   ⑥ A：来，大家一起干杯吧！干杯！——B：＿＿＿＿＿＿＿＿
   　　　　　　　　　　　　　　　　　　　（乾杯。）

4. 中国語で言いなさい。

① 新年おめでとうございます。　＿＿＿＿＿＿＿＿＿＿＿＿＿＿＿＿

② お金もうけができますように。　＿＿＿＿＿＿＿＿＿＿＿＿＿＿＿＿

③ わが家へようこそ。　＿＿＿＿＿＿＿＿＿＿＿＿＿＿＿＿

④ 本当に申し訳ありません。　＿＿＿＿＿＿＿＿＿＿＿＿＿＿＿＿

⑤ あなたのご健康をお祈りして、乾杯。　＿＿＿＿＿＿＿＿＿＿＿＿＿＿＿＿

⑥ それでは、みなさん一緒に乾杯しましょう。　＿＿＿＿＿＿＿＿＿＿＿＿＿＿＿＿

5. 中国語を聞いて、その意味を日本語で書きなさい。

C91

① ＿＿＿＿＿＿＿＿＿＿＿＿＿＿＿＿＿＿＿＿＿＿＿＿＿＿＿＿＿＿

② ＿＿＿＿＿＿＿＿＿＿＿＿＿＿＿＿＿＿＿＿＿＿＿＿＿＿＿＿＿＿

③ ＿＿＿＿＿＿＿＿＿＿＿＿＿＿＿＿＿＿＿＿＿＿＿＿＿＿＿＿＿＿

④ ＿＿＿＿＿＿＿＿＿＿＿＿＿＿＿＿＿＿＿＿＿＿＿＿＿＿＿＿＿＿

⑤ ＿＿＿＿＿＿＿＿＿＿＿＿＿＿＿＿＿＿＿＿＿＿＿＿＿＿＿＿＿＿

⑥ ＿＿＿＿＿＿＿＿＿＿＿＿＿＿＿＿＿＿＿＿＿＿＿＿＿＿＿＿＿＿

6. 文を完成させなさい。

① ＿＿＿＿＿＿＿＿＿＿＿＿＿＿＿＿＿＿好！

② 恭喜＿＿＿＿＿＿＿＿＿＿＿＿＿＿＿＿！

③ ＿＿＿＿＿＿＿＿＿＿＿＿＿＿＿＿＿＿愉快！

④ 对不起！＿＿＿＿＿＿＿＿＿＿＿＿＿＿＿＿。

⑤ ＿＿＿＿＿＿＿＿＿＿＿＿＿＿，真不好意思。

⑥ 没什么。＿＿＿＿＿＿＿＿＿＿＿＿＿＿＿＿。

⑦ 祝你们＿＿＿＿＿＿＿＿＿＿＿＿＿＿＿＿！

⑧ 来，为＿＿＿＿＿＿＿＿＿＿＿＿＿＿＿＿干杯！

語句索引

中国語から

このテキストの語句をアルファベット順に並べました。「語句」欄にないものはピンインの後に訳語をつけています。数字は頁を表します。

A

阿姨	āyí	28
啊	á	101
啊	à	24
啊（疑問）	a	28
啊（親しみ）	a	65
啊（感嘆）	a	72
啊（呼びかけの対象に添えて親しみ）		
	a	101
嗳	ài	92
爱人	àiren	34
哎呀	āiya	95
哎哟	āiyo	73
安慰	ānwèi	104
按～说的办	àn～shuō de bàn	51

B

把	bǎ	48
爸爸	bàba　お父さん	46
吧（促す）	ba	25
吧（推量）	ba	31
吧（勧誘）	ba	65
吧（提案）	ba	66
吧（賛成、承知）	ba	79
拜拜	báibái	28
百	bǎi	79
摆上	bǎishàng	52
摆在	bǎizài	51
拜托	bàituō	48
搬进来	bānjìnlai	52
班里	bānli	38
办	bàn	48
办手续	bàn shǒuxù	92
帮	bāng	44
棒	bàng	72
包（～袋）	bāo	79
包（［餃子を］作る）	bāo	106
保留	bǎoliú	54
保佑	bǎoyòu	95
报告	bàogào	25
报名	bàomíng	92
抱歉	bàoqiàn	109
北方影院	Běifāng yǐngyuàn	66
北海道	Běihǎidào　北海道	40
北京	Běijīng　北京	39
本	běn	48
本命年	běnmìngnián	62
比较	bǐjiào	52
遍	biàn	101
变化	biànhuà　変化	98
辩论大会	biànlùn dàhuì	92
别	bié	65
别～了	bié～le	109
兵库县	Bīngkùxiàn　兵庫県	40
病	bìng　病気	108
病况	bìngkuàng	89
病况调查表	bìngkuàng diàochábiǎo	89
部	bù	66
不	bù	109
不错	búcuò　すばらしい；良い	74
不得了	bùdéliǎo	69
不敢当	bùgǎndāng	76
不好意思（恥ずかしい）	bù hǎoyìsi	72
不好意思（申し訳ありません）	bù hǎoyìsi	104
不见不散	bú jiàn bú sàn	65
不～了	bù～le	69
不是	bú shì	92
不太	bú tài	34
不同意	bù tóngyì	51
不行	bùxíng	54
不要	búyào	69
不要紧	búyàojǐn	109
不一定	bù yídìng	57
不怎么	bù zěnme	34

C

擦	cā	109
财神爷	cáishényé	97
采血	cǎixiě	92
菜	cài	76
参拜	cānbài　参拝する	95
参观	cānguān	48
参加	cānjiā　参加する	90
餐具	cānjù	85
茶	chá　お茶	99
茶叶	cháyè	80
差不多	chàbuduō	52
尝	cháng	76
长生不老	chángshēng bù lǎo	101
唱	chàng	76
车站	chēzhàn	101
称呼	chēnghu	41
称赞	chēngzàn	72
成功	chénggōng　うまくいく；成功する	67
成为	chéngwéi	73
成长	chéngzhǎng　成長する	100
吃顿饭	chī dùn fàn	97
吃饭	chī fàn	101
吃过饭	chīguò fàn	28
吃了	chī le	28
吃药	chī yào	69
出口	chūkǒu　出口	98
出来	chūlai	45
出去	chūqù	28
出去吃饭	chūqù chī fàn	54
出示	chūshì	92
出示证件	chūshì zhèngjiàn	88
传达室	chuándáshì	92
传闻	chuánwén	57
炊具	chuījù	52
聪明	cōngming　賢い；聡明である	74
从	cóng	41

D

| 答应 | dāying | 88 |
| 打 | dǎ | 76 |

113

打对号	dǎ duìhào		88	对不起	duìbuqǐ		92	哥哥	gēge		69
打个电话	dǎ ge diànhuà		48	对了	duìle		32	给（～に）	gěi		38
打工	dǎgōng		34	对儿	duìr		85	给（～して〔ください〕）	gěi		79
打招呼	dǎ zhāohu		24	多	duō 多い		33	给你	gěi nǐ		44
打折	dǎzhé		79	多（なにとぞ）	duō		37	给您	gěi nín		92
大	dà 大きな；大きい		95	多（～余り）	duō		96	跟	gēn		66
大阪	Dàbǎn 大阪		39	多大	duō dà		41	公交车	gōngjiāochē		101
大二	dà èr		41	多多	duōduō		37	公司	gōngsī		48
大家	dàjiā		28	多少钱	duōshao qián		79	恭喜	gōngxǐ		62
大门	dàmén		101					恭喜发财	gōngxǐ fācái		104
大学	dàxué 大学		39	**E**				公园里	gōngyuánli 公園の中		99
代	dài		31	饿	è		97	工作	gōngzuò		34
带（持つ）	dài		65	欸	éi		69	狗	gǒu		62
带（連れる）	dài		92	欸	èi		92	古代	gǔdài		97
代表团	dàibiǎotuán 代表団		46					挂号	guàhào		88
担心	dānxīn		109	**F**				挂号处	guàhàochù		92
蛋糕	dàngāo		58	发财	fācái		101	挂号证	guàhàozhèng		92
当然	dāngrán		54	饭桌	fànzhuō		51	挂在	guàzài		52
到（着く）	dào		45	访问	fǎngwèn 訪問する		46	拐	guǎi		101
到（～へ行く）	dào		69	放心	fàngxīn		109	怪不得	guàibude		69
道歉	dàoqiàn		104	放在	fàngzài		52	关帝庙	Guāndìmiào		95
得	dé		69	非常	fēicháng とても；非常に		74	关公	Guāngōng		101
的	de ～の…；～の		25					关心	guānxīn		44
～得…	～de…		69	飞机	fēijī		45	观音菩萨	Guānyīn púsà		101
～的话	dehuà		66	分钟	fēnzhōng		101	关羽	Guān Yǔ		97
得	děi		66	佛祖	Fózǔ		101	关照	guānzhào		37
等	děng		81	服务台	fúwùtái		92	光临	guānglín		48
第二个	dì èr ge		101	服务员	fúwùyuán		85	贵	guì		85
地方	dìfang		88	服用	fúyòng		89	贵姓	guìxìng		41
递给	dìgěi		48	附近	fùjìn		101	锅里	guōli		105
第一次	dì yī cì		89	付款	fùkuǎn		79	过奖	guòjiǎng		72
电车	diànchē		54	父母	fùmǔ		48	过年好	guònián hǎo		104
电话	diànhuà		54	父亲	fùqin お父さん；父		47	过去	guòqù		97
电视机	diànshìjī		52	复习	fùxí 復習する		99	过去	guòqu		48
电影	diànyǐng		66					过意不去	guòyìbuqù		109
电影院	diànyǐngyuàn		66	**G**				过	guo		62
订房间	dìng fángjiān		92	该～了	gāi～le		45				
东京	Dōngjīng 東京		40	干杯	gānbēi 乾杯する；乾杯		104	**H**			
东西	Dōngxi		41	刚	gāng		104	还（まだ）	hái		72
动手术	dòng shǒushù		69	高	gāo 高い		98	还（さらに）	hái		96
动物园	dòngwùyuán 動物園		98	高龄	gāolíng		41	还好	hái hǎo		34
都	dōu みな；すべて		33	高桥	Gāoqiáo 高橋（日本人の姓）		32	还可以	hái kěyǐ		31
都～了	dōu～le		45					还算	hái suàn		34
读	dú		41	高寿	gāoshòu		41	还是（やはり）	háishi		54
渡边	Dùbiān 渡辺（日本人の姓）		24	高兴	gāoxìng		37	还是（〔～か〕それとも…か）	háishi		95
对	duì		52	告诉	gàosu		66	还行	hái xíng		34
								还有	háiyǒu		92

孩子	háizi		54	集合	jíhé 集合する	67	**K**		
海里	hǎili		101	～极了	～jí le	76	咖啡	kāfēi	101
好(はい)	hǎo		25	几	jǐ	41	开心	kāixīn	34
好(元気である)	hǎo		31	几个	jǐ ge	52	看病	kànbìng	54
好(良い)	hǎo		52	家具	jiājù 家具	52	看到	kàndào	95
好不好	hǎo bu hǎo		51	家里人	jiālirén	34	看法	kànfǎ	54
好吃	hǎochī		76	家人	jiārén	101	看货	kàn huò	101
好的	hǎo de		34	甲	jiǎ 甲	100	看看	kànkan	73
好好儿	hǎohāor		73	假定	jiǎdìng	65	看门诊	kàn ménzhěn	92
好几次	hǎojǐ cì		62	驾照	jiàzhào	92	看内科	kàn nèikē	92
好久没见	hǎojiǔ méi jiàn		31	见	jiàn	62	看一看	kàn yi kàn	52
好了	hǎo le		106	健康	jiànkāng 健康である	59	考	kǎo	76
好嘞	hǎo lei		106	健康保险证	jiànkāng bǎoxiǎnzhèng		考上	kǎoshàng	62
好吗	hǎo ma		38		健康保険証	88	考试(試験)	kǎoshì	62
好听	hǎotīng		76	见面	jiànmiàn	69	考试(試験を受ける)	kǎoshì	101
好像	hǎoxiàng		65	建议	jiànyì	51	烤鸭	kǎoyā	85
好运	hǎoyùn		62	将来	jiānglái 将来	73	可	kě	57
号	hào		62	讲价	jiǎngjià	79	可爱	kě'ài かわいい	74
喝	hē		101	讲课	jiǎngkè	48	可～了	kě～le	69
和	hé		62	犟	jiàng	62	可以(よいです)	kěyǐ	48
盒	hé		85	交给	jiāogěi	25	可以(～してよい)	kěyǐ	69
合适	héshì		51	交钱	jiāo qián	92	可以不可以	kěyǐ bu kěyǐ	54
合作	hézuò		109	饺子	jiǎozi 餃子	105	可以吗	kěyǐ ma	48
贺年	hènián		104	叫	jiào	37	克	kè	85
很	hěn		34	接	jiē	44	客气	kèqi	109
很好	hěn hǎo		31	接待处	jiēdàichù	92	客人	kèren	104
很快就	hěn kuài jiù		109	结实	jiēshi	34	空儿	kòngr	66
红绿灯	hónglǜdēng		101	接语	jiēyǔ	88	快(速い)	kuài	76
猴儿	hóur		62	结婚	jiéhūn 結婚する	59	快(早く)	kuài	105
后面	hòumiàn		89	节日	jiérì	62	块	kuài	79
虎	hǔ		62	结帐	jiézhàng	85	快点儿	kuài diǎnr	54
护士	hùshi		89	介绍	jièshào	38	快乐	kuàilè	57
护照	hùzhào		69	斤	jīn	80	亏本儿	kuīběnr	85
花瓶	huāpíng 花瓶		52	今年	jīnnián 今年	39			
画	huà		72	今天	jīntiān きょう	91	**L**		
画儿	huàr		72	紧张	jǐnzhāng	34	辣酱	làjiàng	80
欢迎	huānyíng		44	进	jìn	105	啦	la	62
回来了	huílai le		28	进步	jìnbù	62	来	lái 来る	32
回头	huítóu		28	近来	jìnlái	34	来(～しましょう)	lái	38
会	huì		109	经济	jīngjì 経済	39	来(さあ)	lái	73
货	huò		80	惊讶	jīngyà	95	来(やる)	lái	106
嚯	huò		101	镜子	jìngzi	52	来到	láidào	95
				久等	jiǔděng	109	来晚	láiwǎn	104
J				就	jiù	48	来自	láizì	41
鸡	jī		62	就是	jiù shì	101	劳驾	láojià	48
机会	jīhuì 機会:チャンス			觉得	juéde	51	劳您驾	láo nín jià	48
			108	绝对	juéduì 絶対に	54	老～	Lǎo～	28

老板	lǎobǎn		79	没帮上忙	méi bāngshang máng	104	那些	nèixiē/nàxiē あれらの；それらの；あれら；それら	96
老朋友	lǎopéngyou		62	没关系	méi guānxi	109	那样	nèiyàng/nàyàng	54
老师	lǎoshī		24	没什么	méi shénme	104	能（[~することが]ありえる）	néng	58
老天爷	Lǎotiānyé		101	没什么大不了的	méi shénme dàbuliǎo de	109	能（～できる）	néng	85
了	le		41	没问题	méi wèntí	44	能不能	néng bu néng	79
累	lèi		34	没想到	méi xiǎngdào	73	嗯	ng	28
李	Lǐ		28	没有	méiyǒu ない	33	嗯	ng/m	88
礼堂	lǐtáng		69	没有什么变化	méiyǒu shénme biànhuà	34	你	nǐ あなた	24
李伟	Lǐ Wěi 李偉（中国人の名前）		32	每天	měitiān	34	你好	nǐ hǎo	24
厉害	lìhai		76	门口	ménkǒu	65	你看（ほら）	nǐ kàn	45
历史	lìshǐ		96	米	mǐ	101	你看（あなたが思うには～）	nǐ kàn	51
俩	liǎ		101	免费	miǎnguì	41	你们	nǐmen あなたたち	26
联系	liánxì		66	明白了	míngbai le	92	你说呢	nǐ shuō ne	51
练发音	liàn fāyīn		69	明年	míngnián	62	你早	nǐ zǎo	28
量	liáng		88	明天	míngtiān	28	年	nián 年	60
两点半	liǎng diǎn bàn		45	名字	míngzi	37	年级	niánjí	41
了不起	liǎobuqǐ		72	母亲	mǔqin お母さん；母	108	年纪	niánjì	41
零	líng		85				您	nín あなた（敬称）	24
刘红	Liú Hóng 劉紅（中国人の名前）		32	**N**			您老	nín lǎo	41
留学	liúxué 留学する		32	拿	ná	44	牛	niú	62
龙	lóng		57	拿手	náshǒu	73	女的	nǚ de	101
路	lù		101	哪	nǎ	62			
路上	lùshang		44	哪里（どこ）	nǎli	41	**O**		
旅游	lǚyóu		54	哪里（いえいえ）	nǎli	72	噢	ō	69
				哪儿	nǎr	41	哦	ò	62
M				哪儿的话	nǎr de huà	76			
呣	m		92	哪儿人	nǎr rén	41	**P**		
吗	ma ～か（文末に置き疑問を表す）		26	那	nà	48	跑	pǎo	76
嘛（注意を引く）	ma		92	那么	nàme	69	朋友	péngyou	48
嘛（事実の念押し）	ma		104	那儿	nàr あそこ；そこ	45	碰头	pèngtóu	65
麻烦（面倒をかける）	máfan		44	难	nán 難しい	67	啤酒	píjiǔ	101
麻烦（面倒である）	máfan		92	难道	nándào	101	便宜	piányi	79
马马虎虎	mámahūhū		34	男的	nán de	101	瓶	píng	79
马	mǎ		62	难过	nánguò	109	平安	píng'ān	62
马上就	mǎshàng jiù		92	呢（～は？）	ne	31			
买	mǎi		80	呢（～ですよ）	ne	45	**Q**		
买单	mǎidān		85	呢（～していますよ）	ne	66	齐了	qí le	52
买东西	mǎi dōngxi		101	呢（どうなのか知りたい気持ち）	ne	95	祈求	qíqiú	101
卖	mài		79	哪国人	něi guó rén	37	祈愿	qíyuàn	95
卖给	màigěi		79	那	nèi/nà その；あの；それ；あれ	48	千	qiān （数字の）千	79
漫画	mànhuà 漫画		73	那边儿	nèibiānr	52	谦虚	qiānxū 謙虚だ	72
漫画家	mànhuàjiā 漫画家		73	那个	nèige/nàge あれ；それ；あの；その	79	谦逊	qiānxùn	72
忙	máng		31				钱（お金）	qián	69
没	méi		62				钱（貨幣単位の後に置き金額を表す）	qián	79
							前面	qiánmiàn	101

巧克力	qiǎokèlì	58	生肖	shēngxiào/shēngxiāo	62	填	tián	89
情况	qíngkuàng	38	圣诞节	Shèngdànjié	62	条	tiáo	85
请（〔どうぞ〕～してください）		qǐng 32	时间	shíjiān　時間	66	贴在	tiēzài	54
请（～するようお願いする）		qǐng 69	食堂	shítáng	28	听	tīng	76
请问	qǐngwèn	95	实在	shízài	106	听说	tīngshuō	57
求人	qiúrén	44	是	shì	25	挺～的	tǐng～de	34
求神仙	qiú shénxiān	95	试	shì　試す	75	同学	tóngxué	24
取药	qǔ yào	101	是啊	shì a	62	同学们	tóngxuémen	28
去	qù	92	是不是～	shì bu shì～	52	同意	tóngyì　同意する	51
全家	quánjiā	34	是的	shì de	88	透视	tòushì	92
			是～的	shì～de	95	图书馆	túshūguǎn　図書館	27
R			是吗（確認）	shì ma	62	兔	tù	62
让	ràng	34	是吗（あいづち）	shì ma	65	托福, 托福	tuōfú, tuōfú	34
让我	ràng wǒ	48	收你	shōu nǐ	79	托您的福	tuō nín de fú	34
热烈	rèliè	48	受欢迎	shòu huānyíng	80			
人（人柄）	rén	76	书	shū	48	**W**		
认识	rènshi	37	属	shǔ	57	哇	wa	66
认为	rènwéi	54	鼠	shǔ	62	外边	wàibian	69
日本	Rìběn　日本	32	双	shuāng	85	玩儿	wánr	69
日中友好	Rì Zhōng yǒuhǎo	109	水开了	shuǐ kāi le	105	晚安	wǎn'ān	28
如果	rúguǒ	66	顺风	shùnfēng	62	晚饭	wǎnfàn	92
如何	rúhé	34	顺利	shùnlì	34	晚上	wǎnshang	28
入口	rùkǒu　入り口	98	说	shuō	62	万	wàn　（数字の）万	80
			说得对	shuōde duì	54	王	Wáng　王(中国人の姓)	
S			送	sòng	101			24
洒	sǎ	109	算	suàn	79	往东	wǎng dōng	101
伞	sǎn	65	算一算	suàn yi suàn	81	往前	wǎng qián	95
伤心	shāngxīn	109	随时	suíshí	69	往右	wǎng yòu	101
上班去	shàngbān qù	28	岁	suì	41	往左	wǎng zuǒ	101
上苍	Shàngcāng	101	岁数	suìshu	41	忘记	wàngjì	69
上帝	Shàngdì	101	锁门	suǒ mén	69	忘了	wàngle	65
上海	Shànghǎi　上海	40	所以	suǒyǐ	97	为	wèi	58
上课去	shàngkè qù	28				胃癌	wèi'ái　胃がん	67
上面	shàngmian	58	**T**			慰劳	wèiláo	44
上哪儿去	shàng nǎr qù	28	她	tā　彼女	31	闻	wén	76
上映	shàngyìng	66	他	tā　彼	33	问	wèn	69
烧饼	shāobing	85	他们	tāmen　彼ら	95	问安	wèn'ān	31
少	shǎo	85	太～了	tài～le	69	问～好	wèn～hǎo	31
蛇	shé	62	套	tào	85	问候语	wènhòuyǔ	24
谁	shéi　誰	61	特意	tèyì	48	问价	wèn jià	79
申请	shēnqǐng　申請する	90	提醒	tíxǐng	65	问路	wèn lù	95
身体	shēntǐ	31	提意见	tí yìjiàn	72	问讯处	wènxùnchù	92
神灵	Shénlíng	101	体温	tǐwēn　体温	88	我	wǒ　私	25
什么	shénme	37	体重	tǐzhòng	92	我会的	wǒ huì de	31
什么的	shénmede	52	替	tì	48	我看	wǒ kàn	54
什么时候	shénme shíhou	66	天	tiān	62	我们	wǒmen　私たち	46
生日	shēngrì/shēngri	57	添麻烦	tiān máfan	44	我校	wǒ xiào	48

117

| 屋子里 | wūzili | | 52 |
| 无病无灾 | wú bìng wú zāi | | 101 |

X

西红柿	xīhóngshì		85
喜欢	xǐhuan		73
洗澡	xǐzǎo		101
下次	xià cì		81
下到	xiàdào		105
下个星期	xià ge xīngqī		28
下课	xiàkè		28
下午	xiàwǔ		28
下雨	xià yǔ		65
先	xiān		52
现在	xiànzài		97
香醋	xiāngcù		80
香港	Xiānggǎng	香港	40
相信	xiāngxìn		73
想	xiǎng		54
想不到	xiǎngbudào		58
向～道歉	xiàng～dàoqiàn		109
小～	Xiǎo～		28
小	xiǎo	小さい	100
小姐	xiǎojiě		85
小龙	xiǎolóng		62
小朋友们	xiǎopéngyǒumen		28
校长	xiàozhǎng		69
歇	xiē		48
鞋	xié		85
写	xiě		76
写的	xiě de		58
写上	xiěshàng		89
谢谢	xièxie	ありがとう;感謝 します	31
辛苦	xīnkǔ		44
新来	xīn lái		38
新年	xīnnián	新年	59
新年好	xīnnián hǎo		109
新鲜	xīnxian/xīnxiān		85
星期天	xīngqītiān	日曜日	60
行	xíng		51
行不行	xíng bu xíng		51
行李	xíngli		44
姓	xìng		37
幸福	xìngfú	幸せである	59
熊猫	xióngmāo		101
选择	xuǎnzé		95

学	xué	学ぶ;勉強する	67
学部	xuébù	学部	39
学生	xuésheng	学生;生徒	39
学生证	xuéshēngzhèng	学生証	90
学习	xuéxí	勉強;学習	31
学校	xuéxiào		65
血压	xuèyā	血圧	90

Y

压压价	yāya jià		81
呀	yà		89
呀	ya		62
演	yǎn		76
羊	yáng		62
要(もらう〔買う〕)	yào		80
要(～しようとする)	yào		88
要～了	yào～le		32
要强	yàoqiáng		57
要是	yàoshi		69
药物	yàowù/yàowu		89
也	yě	～も	32
也有～也有…	yě yǒu～yě yǒu…		62
一半儿	yíbànr		106
一次也没	yí cì yě méi		62
一点儿	yìdiǎnr		79
一点儿也不	yìdiǎnr yě bù		44
一定	yídìng		66
一定能～的	yídìng néng～de		73
一个	yí ge	一つの	54
一共	yígòng		79
一会儿	yìhuǐr/yíhuìr		28
一件事	yí jiàn shì		48
一路	yílù		62
一起	yìqǐ		66
一切	yíqiè		34
一下	yíxià		38
一些	yì xiē		80
一样	yíyàng		95
医院	yīyuàn		92
一直	yìzhí		101
疑问	yíwèn	疑問	54
乙	yǐ	乙	100
已经	yǐjīng		96
椅子	yǐzi	椅子	53
意见	yìjiàn	意見	54

印章	yìnzhāng	印鑑	91
应当	yīngdāng		51
应该	yīnggāi		54
英雄	yīngxióng	英雄	96
迎接	yíngjiē		44
应答	yìngdá		65
用	yòng		58
邮局	yóujú		101
有	yǒu	ある;持っている	54
有	yǒu	いる	99
有本事	yǒu běnshi		72
有的～,有的…	yǒude～,yǒude…		95
有点儿	yǒudiǎnr		31
友情	yǒuqíng		109
有事	yǒu shì		65
有问题	yǒu wèntí		69
友谊	yǒuyì		109
右边儿	yòubianr		52
鱼	yú	魚	82
愉快	yúkuài	楽しい;愉快で ある	59
原来	yuánlái		69
原谅	yuánliàng		109
愿	yuàn		101
约	yuē		66
约会	yuēhuì		65
月	yuè	(暦の)～月	60
月饼	yuèbing		85
越～越…	yuè～yuè…		69
允许	yǔnxǔ		72

Z

在	zài	いる	45
在	zài	～で	58
在	zài	ある	89
在(～している)	zài		95
再	zài		73
再见	zàijiàn		24
在留卡	zàiliúkǎ		92
赞成	zànchéng	賛成する	53
早	zǎo	早い	99
早就	zǎojiù		62
早上	zǎoshang		28
责任	zérèn	責任	107
怎么	zěnme		41

怎么了	zěnme le	92	真	zhēn	72	赚钱	zhuàn qián	95
怎么说呢	zěnme shuō ne	92	真的(本当に)	zhēnde	34	准备	zhǔnbèi 準備する	58
怎么样	zěnmeyàng	31	真的(本当のこと)	zhēnde	69	准时	zhǔnshí	45
战神	zhànshén	97	真理	Zhēnlǐ 真理(日本人の名前)	38	桌子	zhuōzi	52
张	zhāng	89				咨询处	zīxúnchù	92
长	zhǎng	101	正	zhèng	62	自己	zìjǐ	54
找(釣り銭を出す)	zhǎo	79	证件	zhèngjiàn	92	自我介绍	zìwǒ jièshào	37
找(訪ねる)	zhǎo	109	正在	zhèngzài	69	走	zǒu	95
找个地方	zhǎo ge dìfang	97	只	zhī	85	走到	zǒudào	101
照张相	zhào zhāng xiàng	48	知道了	zhīdao le	88	走着去	zǒuzhe qù	101
这	zhè これ;それ	25	只不过是～罢了	zhǐbuguò shì～bale	73	最近	zuìjìn このごろ;このところ;最近	31
这就是	zhè jiù shì	92						
这里	zhèli ここ;そこ	88	纸巾	zhǐjīn	109	左边儿	zuǒbianr	101
这么	zhème	62	中国	Zhōngguó 中国	37	左右	zuǒyòu	101
这儿	zhèr ここ;そこ	51	中华街	Zhōnghuájiē 中華街	95	做(する)	zuò	51
这个	zhèige/zhège この;これ	60	中文	Zhōngwén	69	做(作る)	zuò	76
这位	zhèi wèi	38	猪	zhū	62	座	zuò	101
			煮	zhǔ	106	坐	zuò 座る	105
这些	zhèixiē/zhèxiē これら の;それらの;これら;それら	83	祝	zhù	57	做客	zuòkè	48
			住	zhù 住む	67	坐～去	zuò～qù	54
这样	zhèiyàng	51	祝福	zhùfú	57	坐下	zuòxia	48
这种	zhèi zhǒng	80	祝贺	zhùhè	57	作业	zuòyè	34

119

日本語から

このテキストの語句（訳語のないものを除く）を、50音順に並べました。「語句」欄にないものもあります。数字は頁を表します。

あ

（思い当たり）ああ	哦	62
（同意して）ああ	哦	62
（そうかと気づき）ああ	噢	69
相変わらずです	没有什么变化	34
あいさつ	打招呼	24
	问候语	24
空いた時間	空儿	66
あいづち	应答	65
相手が来て会うまで待つ	不见不散	65
会う	见	62
	见面	69
（訪ねて）会う	找	109
あけましておめでとう	过年好	104
朝	早上	28
あした	明天	28
味を試す	尝	76
味を見る	尝	76
あす	明天	28
あそこ	那儿	45
遊ぶ	玩儿	69
新しく来た	新来	38
あちら	那边儿	52
（気がついて）あっ	啊	24
後で	回头	28
あなた	你	24
あなた（敬称）	您	24
あなたが思うには～	你看	51
あなたさま（年配者に対しての敬称）	您老	41
あなたたち	你们	26
あなたに～してしまう	给你	44
あなたはどう思いますか	你说呢	51
兄	哥哥	69
あの	那	47
	那个	79
アヒルの丸焼き	烤鸭	85
～余り	多	96
あまり～ない	不太	34
雨が降る	下雨	65
あらっ	哎哟	73
	呀	89
（～することが）ありえる	能	58
ありがとう	谢谢	31
ある	在	89
	有	54
歩いて行く	走着去	101
歩く	走	95
あること	一件事	48
アルバイト	打工	34
ある人は～、ある人は…	有的～，有的…	95
あれ	那	47
	那个	79
あれっ	哎哟	73
	呀	89
	嚯	101
あれら	那些	96
あれらの	那些	96
合わせて	一共	79
安心する	放心	109
案内所	问讯处	92
あんなに	这么	62
	那么	69

い

亥（年）	猪	62
いいえ	不是	92
	不	109
いいよ	好嘞	106
言う	说	62
言うまでもなく	当然	54
いえいえ	哪里	72
家の人	家里人	34
いかがですか	如何	34
胃がん	胃癌	67
行く	走	95
いくつ（10未満の数を想定）	几	41
いくつかの	几个	52
（金額が）いくら	多少钱	79
いくらか	一些	80
いけない	不行	54
意見	意见	54
意見を出す	提意见	72
椅子	椅子	53
以前	过去	97
急いで	快点儿	54
	快	105
忙しい	忙	31
（余裕がないくらい）忙しい	紧张	34
一大事だ	不得了	69
一度も～ない	一次也没	62
いつ	什么时候	66
一家の人たち	全家	34
一緒に	一起	66
いつでも	随时	69
いぬ	狗	62
戌（年）	狗	62
祈り	祈愿	95
祈る	祝	57
	祈愿	95
今	现在	97
依頼	求人	44
入り口	入口	98
いる	在	45
	有	99
要る	要	80
祝い	祝福	57
祝う	祝贺	57
印鑑	印章	91
インフォメーション	问讯处	92

う

卯（年）	兔	62
上	上面	58
受付	挂号	88

うさぎ	兔	62		**お**			(神様などに)お願いする		
うし	牛	62		(食べて)おいしい	好吃	76		祈求	101
丑（年）	牛	62		おいでいただく	光临	48		おばさん(子供が若い女性に親しみ	
後ろ	后面	89		王(中国人の姓)	王	24	を込めて呼びかける)		
歌う	唱	76		応募する	报名	92		阿姨	28
(聞いて)美しい	好听	76		多い	多	33	おはようございます		
腕前がある	有本事	72		大きい	大	95		你早	28
うま	马	62		大きな	大	95	お久しぶりです	好久没见	31
午（年）	马	62		大阪	大阪	39	おめでとうございます		
うまい	棒	72		お母さん	母亲	108		恭喜	62
うまくいく	成功	67		お帰りなさい	回来了	28	(悩みなどなく)思いどおりにいっ	
(悩みなどなく)うまくいっている			おかげさまで	托您的福	34	ている	开心	34
	开心	34			托福，托福	34	思いも寄らない	想不到	58
生まれ年	生肖	62		お金	钱	69	思いやり	问安	31
海の中	海里	101		お金もうけができますように(「春		表門	大门	101
売る	卖	79		節」のあいさつ)	恭喜发财	104	おやすみなさい	晚安	28
うれしい	高兴	37		(店の)おかみさん	老板	79	おやっ	喔	101
うわさ	传闻	57		お客	客人	104	お喜び申し上げます		
うん	嗯	28		(添えて)置く	摆上	52		恭喜	62
運転免許証	驾照	92		奥さん	爱人	34	おわび	道歉	104
	驾驶证	92		送る	送	101	女（の人）	女的	101
				(来るのが)遅い	来晚	104	女物	女的	101
え				恐れ入ります	不敢当	76			
絵	画儿	72		お尋ねしますが	请问	95	**か**		
映画	电影	66		お茶	茶叶	80	～か(疑問を表す)	啊	28
映画館	电影院	66			茶	99		吗	26
英雄	英雄	97		乙	乙	100	～回	遍	101
ええ	嗯	28		おっしゃるとおりです			会社	公司	48
	欸	92			说得对	54	外出して食事をする		
(言葉が出ないときに)ええ			お手数をかけますが～				出去吃饭	54
	嗯	88			劳您驾	48	外出する	出去	28
	呃	92		お天道様	老天爷	101	外食に行く	出去吃饭	54
ええっ	啊	101		お父さん	爸爸	46	書いてある～	写的	58
(言葉が出ないときに)ええと				父亲	47	書いてあるの	写的	58
	嗯	88		男（の人）	男的	101	買い物をする	买东西	101
	呃	92		男物	男的	101	外来にかかる	看门诊	92
描く	画	72		お年寄りの年齢(年齢を敬って言う)		買う	买	80
駅	车站	101			高龄	41	帰ったの？	回来了	28
えっ	欸	69			高寿	41	鏡	镜子	52
干支	生肖	62		お友達のみなさん(複数の子供に親		(病気に)かかる	得	69
(それぞれの人にとっての)干支の年			しみを込めて呼びかける)			書き記す	写上	89
	本命年	62			小朋友们	28	(ドアや入り口に)かぎをかける	
～円	块	79		驚き	惊讶	95		锁门	69
演じる	演	76		同じである	一样	95	書く	写	76
エントリーする	报名	92		(レストランなどの若い女性店員に)		家具	家具	52
遠慮する	客气	109		お姉さん	小姐	85	(においを)かぐ	闻	76
				お願いする	拜托	48	学習	学习	31

学生	学生	39	乾杯	干杯	104	月餅	月饼	85
学生証	学生证	90	乾杯する	干杯	104	見学する	参观	48
学長	校长	69	頑張り屋である	要强	57	元気である	好	31
学部	学部	39	勘弁する	原谅	109	元気です	很好	31
(割り引いて)～掛けにする						謙虚だ	谦虚	72
	打折	79	**き**			健康である	好	31
加護する	保佑	95	機会	机会	108		健康	59
傘	伞	65	聞く	听	76	健康保険証	健康保险证	88
賢い	聪明	74	気遣い	问安	31	現在	现在	97
家族	家里人	34		关心	44	謙遜	谦逊	72
	家人	101	きっと	一定	66			
(暦の)～月	月	60	きっと～できますよ			**こ**		
学校	学校	65		一定能～的	73	甲	甲	100
仮定	假定	65	記入する	填	89	幸運	好运	62
悲しむ	伤心	109	きまりが悪い	不好意思	72	公園の中	公园里	99
必ず	我会的	31	疑問	疑问	54	合格する	考上	62
	一定	66	(招かれて)客となる			講義をする	讲课	48
金がもうかる	发财	101		做客	48	合計で	一共	79
金持ちになる	发财	101	きょう	今天	91	香酢	香醋	80
金をもうける	赚钱	95	餃子	饺子	105	校長	校长	69
彼女	她	31	協力	合作	109	交通信号灯	红绿灯	101
花瓶	花瓶	52	許可	允许	72	講堂	礼堂	69
かまわない	没关系	109	気を遣う	客气	109	コーヒー	咖啡	101
(呼びかけて)神様	神灵	101				ここ	这儿	51
神様にお願いする			**く**				这里	88
	求神仙	95	薬	药物	89	午後	下午	28
～から	从	41	薬を取る	取药	101	ご光臨をたまわる		
～から来た	来自	41	薬を飲む	吃药	69		光临	48
体	身体	31	靴	鞋	85	心を込めて	热烈	48
彼	他	33	～ぐらい	左右	101	腰かける	坐下	48
彼ら	他们	95	クラスの中	班里	38	ご主人	爱人	34
かわいい	可爱	74	クラスメート	同学	24	(店の)ご主人	老板	79
変わりがない	顺利	34	比べると	比较	52	今年	今年	39
関羽(三国志の英雄)			～グラム	克	85	子供	孩子	54
	关羽	97	クリスマス	圣诞节	62	この	这	25
関羽様(関羽への敬称)			来る	来	32		这个	60
	关公	101	(前に名前を置いて)～君			この方	这位	38
考え	看法	54		同学	24	このごろ	最近	31
考えつかない	想不到	58				この種類の	这种	80
歓迎する	欢迎	44	**け**			このところ	最近	31
看護士	护士	89	経済	经济	39	好む	喜欢	73
感謝します	谢谢	31	計算してみる	算一算	81	このように	这么	62
(代金の)勘定をする			計算する	算	79	このように(する)		
	結帐	85	携帯する	带	65		这样	51
	买单	85	ケーキ	蛋糕	58	ご飯でも食べる	吃顿饭	97
関帝廟	关帝庙	95	血圧	血压	90	ご飯を済ませた	吃过饭	28
観音菩薩様	观音菩萨	101	結婚する	结婚	59	ご飯を食べる	吃饭	101

日本語	中文	ページ
こぼす	洒	109
困ったことがある	有问题	69
ご名字(相手の姓を敬って言う)	贵姓	41
これ	这	25
	这个	60
(差し出しながら)これがそうです	这就是	92
これら	这些	83
これらの	这些	83
こんにちは	你好	24

さ

日本語	中文	ページ
さあ(人を促す)	来	73
サービス・カウンター	服务台	92
～歳	岁	41
最近	最近	31
採血する	采血	92
祭日	节日	62
在留許可証	在留卡	92
魚	鱼	82
先に	先	52
先の方へ	往前	95
差し支えありません	不要紧	109
誘う	约	66
～冊	本	48
さようなら	再见	24
	拜拜	28
さらに	再	73
	还	96
さる	猴儿	62
申(年)	猴儿	62
(前に名前を置いて)～さん	同学	24
(1字の姓の年少者に対し)～さん	小～	28
(1字の姓の年長者に対し)～さん	老～	28
参加する	参加	90
賛成する	赞成	53
参拝する	参拜	95

し

日本語	中文	ページ
幸せである	幸福	59
次回	下次	81
時間	时间	66
時間どおりに	准时	45
じきに	很快就	109
試験	考试	62
試験を受ける	考	76
	考试	101
自己紹介	自我介绍	37
仕事	工作	34
～しそうだ	要～了	32
～したい	要	88
～したい(と思う)	想	54
したがって	所以	97
～したことがある	过	62
～したのである 是～的		95
～したばかりである	刚	104
しっかりと	好好儿	73
実際には	可	57
実に	实在	106
実は	可	57
質問がある	有问题	69
～して(ください)	给	79
～していない	没	62
～していますよ	呢	66
～している	在	95
(どうぞ)～してください	请	32
～してよい	可以	69
～しないことにする	不～了	69
～しないように	别	65
	不要	69
(動作・行為をやめさせようとする)		
～しないように 别～了		109
～しなかった	没	62
～しなくてはならない	得	66
～しなさい(促す気持ちを表す)	吧	25
品物	货	80
(買わずに)品物を見る	看货	101
支払う	交钱	92
しばらくの間	一会儿	28
自分	自己	54
～しましょう(積極性を表す)	来	38
シャオピン	烧饼	85
上海	上海	40
主(キリスト教の神)	上帝	101
集合する	集合	67
守衛室	传达室	92
授業が終わる	下课	28
授業に行く	上课去	28
祝日	节日	62
宿題	作业	34
祝福	祝福	57
手術をする	动手术	69
出勤する	上班去	28
出社する	上班去	28
順調である	顺利	34
	顺风	62
準備する	准备	58
～しよう(勧誘を表す)	吧	65
～しよう(提案の気持ちを表す)	吧	66
～しよう(賛成、承知を表す)	吧	79
上映する	上映	66
紹介する	介绍	38
状況	情况	38
称賛	称赞	72
症状	病况	89
承諾	答应	88
～しようとする	要	88
商品	货	80
丈夫である	结实	34
証明書	证件	92
証明書呈示	出示证件	88
将来	将来	73
食事をする	吃饭	101
食卓	饭桌	51
食堂	食堂	28
食器	餐具	85
知らせる	告诉	66
信号	红绿灯	101
診察券	挂号证	92
診察を受ける	看病	54

123

真実	真的	69
信じる	相信	73
申請する	申请	90
新鮮な	新鲜	85
新年	新年	59
新年おめでとう	新年好	109
新年のあいさつ	贺年	104
心配する	担心	109
親友	老朋友	62

す

炊事道具	炊具	52
好きだ	喜欢	73
少なめに～する	少	85
すぐに	马上就	92
	很快就	109
すごい	棒	72
	厉害	76
少し	一下	38
	一些	80
(どうも)少し	有点儿	31
(差が)少し	一点儿	79
少しも～でない	一点儿也不	44
すごみがある	厉害	76
進んで(～する)	去	92
ずっと	一直	101
ずっと前から	早就	62
すでに	已经	96
すばらしい	好	52
	棒	72
	了不起	72
	不错	74
～すべきである	应当	51
	应该	54
すべて	都	33
	一切	34
すみません(依頼)		
	劳驾	48
	劳您驾	48
すみません(謝罪)		
	对不起	92
すみません(ものを尋ねる)		
	请问	95
住む	住	67
する	办	48
	做	51
	来	106

(手を使うスポーツを)する		
	打	76
～するのが…だ ～得…		69
～するようお願いする		
	请	69
座る	坐下	48
	坐	105

せ

(学習などの)成果が上がる		
	进步	62
成功する	成功	67
精算	付款	79
成長する	成长	100
	长	98
生徒	学生	39
正門	大门	101
責任	责任	107
絶対に	绝对	54
～セット	套	85
ぜひとも	一定	66
ゼロ	零	85
世話をする	关照	37
(数字の)千	千	79
～前後	左右	101
先生	老师	24
選択	选择	95
前方	前面	101

そ

そうそう	对了	32
そうだ	对了	32
相談所	咨询处	92
相談窓口	咨询处	92
そうです	对	52
	是的	88
(確認する)そうですか		
	是吗	62
(あいづちを打つ)そうですか		
	是吗	65
そうですよ	是啊	62
そうではありません		
	不是	92
聡明である	聪明	74
そこ	那儿	45
	这儿	51
	这里	88

育つ	长	101
そちら	那边儿	52
外	外边	69
その	这	25
	那	47
	那个	79
そのあと	后面	89
そのつど	随时	69
そのとおりです	对	52
	说得对	54
そのように	这么	62
そのように(する)		
	那样	54
それ	这	25
	那	47
	那个	79
それから	还有	92
それでは	那	48
(話題を変える)それでは		
	好了	106
(～か)それとも…か		
	还是	95
それに	还有	92
それほど～ではありません		
	不怎么	34
それら	这些	83
	那些	96
それらの	这些	83
	那些	96
そろっている(欠けているものがない)		
	齐了	52
そんなに	这么	62
	那么	69
損をする	亏本儿	85

た

体温	体温	88
大学	大学	39
大学2年生	大二	41
大したものだ	了不起	72
体重	体重	92
大丈夫です	没问题	44
	没关系	109
	不要紧	109
代表団	代表团	46
たいへん	很	34
たいへん～だ	太～了	69

大変だ	不得了	69
高い	高	98
(値段が)高い	贵	85
高橋(日本人の姓)	高桥	32
だから	所以	97
尋ねる	问	69
訪ねる	找	109
～だそうです	听说	57
ただいま	回来了	28
戦いの神	战神	97
直ちに	马上就	92
ただ～なだけです	只不过是～罢了	73
たつ	龙	57
辰(年)	龙	57
～だなあ(感嘆の気分を表す)	啊	72
楽しい	快乐	57
	愉快	59
頼む	拜托	48
食べた	吃了	28
食べてみる	尝	76
試す	试	75
だめです	不行	54
誰	谁	61
～だろう	会	109
誕生日	生日	57

ち

小さい	小	100
チェックマークを入れる	打对号	88
近く	附近	101
近頃	近来	34
父	父亲	47
茶葉	茶叶	80
チャンス	机会	108
ちゃんと	好好儿	73
注意喚起	提醒	65
中華街	中华街	95
中国	中国	37
中国語	中文	69
ちょうど	正	62
ちょうど～している	正在	69
ちょうどよい	合适	51
チョコレート	巧克力	58

ちょっと	一下	38
ちょっと写真を撮る	照张相	48
ちょっと電話をかける	打个电话	48
ちょっとまける	压压价	81
ちょっと見てみる	看一看	52
	看看	73

つ

～対	对儿	85
疲れる	累	34
着く	到	45
机	桌子	52
作る	做	76
(餃子を)作る	包	106
伝える	告诉	66
～包み	包	79
つなぎ	接语	88
つらい	辛苦	44
つらく思う	难过	109
釣り銭を出す	找	79
連れる	带	92

て

(場所を表し)～で	在	58
(手段や材料を示し)～で	用	58
～である	是	25
～であるのもそのはずだ	怪不得	69
～であればあるほど…だ	越～越…	69
提案	建议	51
～で行く	坐～去	54
提携	合作	109
定刻に	准时	45
呈示する	出示	92
ティッシュ	纸巾	109
出入り口	门口	65
停留所	车站	101
テーブル	饭桌	51
	桌子	52
出かける	出去	28
～できませんか	能不能	79

～できる	可以	69
	能	85
出口	出口	98
～でしょう(推量を表す)	吧	31
～です	是	25
手数をかけますが～	劳驾	48
テスト	考试	62
～ですね(感嘆の気分を表す)	啊	72
～ですよ(状況を聞き手に確認させようとする)	呢	45
手助けする	帮	44
手伝う	帮	44
手伝えていない	没帮上忙	104
手伝えなかった	没帮上忙	104
手続きをする	办手续	92
出てくる	出来	45
(相手の提案を受けて)では	就	48
～ではありませんか	嘛	104
～ではないでしょうか	是不是～	52
出迎え	迎接	44
出迎える	接	44
テレビ	电视机	52
店員さん	服务员	85
電車	电车	54
天の神様	上苍	101
	老天爷	101
電話(機)	电话	54

と

～と	跟	66
～と…	和	62
(姓や名を)～という	叫	37
～ということなら	～的话	66
どう	怎么	41
同意	同意	51
同意する	同意	51
どう言ったらよいか	怎么说呢	92
トウガラシみそ	辣酱	80

125

日本語	中国語	頁	日本語	中国語	頁	日本語	中国語	頁
東京	东京	40	どのように	怎么	41	何でもありません		
東西（架空の名称）	东西	41	～とは思いも寄らなかった				没什么	104
どうしたのですか				没想到	73	なんと	原来	69
	怎么了	92	～とは限りません			何度も	好几次	62
（差し出しながら）どうぞ				不一定	57	なんとも～だ	可～了	69
	给您	92	トマト	西红柿	85	**に**		
到着する	到	45	富をもたらす神様					
道中	路上	44		财神爷	97	～に（受益者を示す）		
	一路	62	～と呼ぶ	称呼	41		给	38
どうですか	怎么样	31	（姓や名を）～と呼ぶ			～に（動作の相手を示す）		
動物園	动物园	98		叫	37		跟	66
どうも～みたいだ			とら	虎	62	～に…させる	让	34
	好像	65	寅（年）	虎	62	～に…するよう言う		
道路	路	101	とり	鸡	62		让	34
（病院の受付で）登録する			酉（年）	鸡	62	～に謝る	向～道歉	109
	挂号	88	どれ	哪	62	～に入れる	下到	105
～と思う	觉得	51	とんでもありません			～に売る	卖给	79
通る	过去	48		哪里	72	～に置く	放在	52
～と考える	认为	54		哪儿的话	76	（見栄えよく）～に置く		
～と感じる	觉得	51		不敢当	76		摆在	51
～と聞いています			どんな	什么	37	～に掛ける	挂在	52
	听说	57				～に代わって	代	31
得意だ	拿手	73	**な**				替	48
特別に	特意	48	ない	没有	33	2時30分	两点半	45
どこ	哪儿	41	内科にかかる	看内科	92	2時半	两点半	45
	哪里	41	長い間待つ	久等	109	～日（日付）	号	62
どこかで	找个地方	97	長生きする	长生不老	101	日曜日	星期天	60
どこへ行く	上哪儿去	28	慰め	安慰	104	日中友好	日中友好	109
ところ	地方	88	嘆く	难过	109	～に手渡す	递给	48
ところで	对了	32	～など	什么的	52	～になる	了	41
年	年	60	何	什么	37		成为	73
（干支が）～年生まれである			なにとぞ	多	37	～に乗って行く	坐～去	54
	属	57		多多	37	～に貼る	贴在	54
図書館	图书馆	27	なにぶん	多	37	日本	日本	32
～と知り合う	认识	37		多多	37	荷物	行李	44
どちらかというと			何も大したことはありません			～にやってきた	来到	95
	比较	52		没什么大不了的	109	入浴する	洗澡	101
どちらの国の人	哪国人	37	鍋の中	锅里	105	～によろしく言う		
（出身地が）どちらの人			名前	名字	37		问～好	31
	哪儿人	41	～ならば…だ	就	48	～に渡す	交给	25
とっくに	早就	62	（病気に）なる	得	69	人気がある	受欢迎	80
とっても～だ	挺～的	34	なるほど	原来	69	**ね**		
	～极了	76	何歳（の）	多大	41	～ね（親しみの気持ちを添える）		
とても	很	34	何だって	啊	101		啊	65
	非常	74	～なんですよ「当然だよ」という気持ちを加える			子（年）	鼠	62
どの	哪	62		啦	62			
どのくらい（の）	多大	41						

願う	祝	57		パスポート	护照	69		ふ		
	愿	101		発音を練習する	练发音	69		付近	附近	101
ねぎらい	慰劳	44		話す	说	62		拭く	擦	109
ねずみ	鼠	62		〜はね、…(ポーズを置き相手の注				復習する	复习	99
値段の交渉	讲价	79		意を引くのに用いる)				福の神	财神爷	97
値段を尋ねる	问价	79			嘛	92		服用する	服用	89
粘り強い	犟	62		母	母亲	108		〜袋	包	79
〜年(学年)	年级	41		(思い当たり)ははん				無事である	平安	62
年齢	岁数	41			哦	62		ぶた	猪	62
	年纪	41		速い	快	76		二つ目の	第二个	101
				早い	早	99		二人	俩	101
の				早く	快点儿	54		不同意(同意しない)		
〜の	的	25			快	105			不同意	51
〜の…	的	25		腹がすいている	饿	97		部分	地方	88
〜の言うとおりにする				晩	晚上	28		古くからの友人	老朋友	62
	按〜说的办	51		パンダ	熊猫	101		ふろに入る	洗澡	101
能力がある	有本事	72		半分	一半儿	106		〜分間	分钟	101
〜のご機嫌をうかがう										
	问〜好	31		ひ				へ		
〜の仕方が…だ	〜得…	69		日	天	62		平穏である	平安	62
望む	愿	101		ビール	啤酒	101		平穏無事である	无病无灾	101
〜のために	给	38		東に向かって	往东	101		〜へ行く	到	69
	为	58		東の方へ	往东	101		北京	北京	39
後ほど	回头	28		〜匹	只	85		へび	蛇	62
〜のはずである	该〜了	45		引き連れる	带	92			小龙	62
飲む	喝	101		飛行機	飞机	45		部屋の中	屋子里	52
(薬を)飲む	服用	89		非常に	非常	74		(ホテルの)部屋を予約する		
〜のようだ	一样	95		左	左边儿	101			订房间	92
				左側	左边儿	101		〜遍	遍	101
は				左に向かって	往左	101		変化	变化	98
〜は？(人や物がどうであるかを聞				左の方へ	往左	101		勉強	学习	31
く)	呢	31		ひつじ	羊	62		勉強する	读	41
はい	好	25		未(年)	羊	62			学	67
	嗯	28		ぴったりだ	合适	51		弁論大会	辩论大会	92
	是的	88		人柄	人	76				
	嗳	92		一つの	一个	54		ほ		
	欸	92		一つのこと	一件事	48		訪問する	访问	46
バイバイ	拜拜	28		暇	空儿	66		ほかでもなくそうです		
入る	进	105		百	百	79			就是	101
測る	量	88		病院	医院	92		欲しい	要	80
〜箱	盒	85		病院の受付	挂号处	92		北海道	北海道	40
運び込む	搬进来	52		病気	病	108		北方映画館(架空の映画館名)		
初めて	第一次	89		兵庫県	兵库县	40			北方影院	66
走る	跑	76		病状	病况	89		ホテルのフロントなど		
バス	公交车	101		評判がよい	受欢迎	80			接待处	92
端数	零	85		表面	上面	58		仏様	佛祖	101
恥ずかしい	不好意思	72						骨が折れる	辛苦	44

127

日本語	中文	頁
ほぼ	差不多	52
ほめすぎる	過奨	72
ほら	你看	45
本	书	48
～本	瓶	79
香港	香港	40
本当に	真的	34
	真	72
	实在	106
本当のこと	真的	69

ま

日本語	中文	頁
まあ～のほうだ(と言える)	还算	34
まあ大丈夫です	还行	34
まあまあです	还可以	31
	马马虎虎	34
～枚	张	89
毎日	每天	34
前	前面	101
前に向かって	往前	95
曲がる	拐	101
まさか～ではないでしょう	难道	101
まず	先	52
まずまず～のほうだ(と見なせる)	还算	34
まずまずいいです	还好	34
まずまずです	还可以	31
また	再	73
	还	96
まだ	还	72
待ち合わせ	约会	65
待ち合わせる	碰头	65
待つ	等	81
まっすぐに	一直	101
～まで歩く	走到	101
～まで行く	走到	101
学ぶ	读	41
	学	67
間もなく～する	要～了	32
(神仏が)守り助ける	保佑	95
真理(日本人の名前)	真理	38

日本語	中文	頁
まるで～みたいだ	好像	65
万	万	81
漫画	漫画	73
漫画家	漫画家	73

み

日本語	中文	頁
巳(年)	蛇	62
	小龙	62
見える	看到	95
見送る	送	101
見方	看法	54
右	右边儿	52
右側	右边儿	52
右に向かって	往右	101
右の方へ	往右	101
道	路	101
道を尋ねる	问路	95
見て	你看	45
みな	大家	28
	都	33
みなさん	大家	28
みなさん(先生が複数の学生に親しみを込めて呼びかける)	同学们	28
身分証明書	证件	92

む

日本語	中文	頁
迎える	接	44
昔	古代	97
	过去	97
向こうへ行く	过去	48
難しい	难	67
無病息災	无病无灾	101

め

日本語	中文	頁
メートル	米	101
目にする	看到	95
面倒である	麻烦	92
面倒をかける	添麻烦	44
	麻烦	44
面倒を見る	关照	37

も

日本語	中文	頁
～も	也	32
～もいれば…もいる	也有～也有…	62
もう	已经	96
(いつの間にか)もう～だ	都～了	45
(病院の受付で)申し込みをする	挂号	88
申し訳ありません(申し訳が立たない)	不好意思	104
申し訳ありません(すまないと思う)	抱歉	109
申し訳ありません(気が済まない)	过意不去	109
もし～ならば	如果	66
	要是	69
もちろん	当然	54
持つ	拿	44
持つ(携帯する)	带	65
持っている	有	54
もっと	再	73
元手をする	亏本儿	85
ものすごく～だ	～极了	76
もらう(買う)	要	80
問診票	病况调查表	89
問題ありません	没问题	44

や

日本語	中文	頁
やぎ	羊	62
安い	便宜	79
休む	歇	48
やはり	还是	54
やる	办	48
	来	106

ゆ

日本語	中文	頁
(特に個人的な)友情	友情	109
(特に異なる国の人の間の)友情	友谊	109
夕食	晚饭	92
友人	朋友	48
郵便局	邮局	101
愉快である	愉快	59
湯が沸いた	水开了	105
ゆでる	煮	106
許す	原谅	109

よ				り				分かりました	好	25
～よ(親しみの気持ちを添える)				李(中国人の姓)	李	28			好的	34
		啊	65	李偉(中国人の名前)					知道了	88
良い	好	52			李伟	32			明白了	92
	不错	74		留学する	留学	32		わざわざ	特意	48
よいです	可以	48		劉紅(中国人の名前)				煩わす	麻烦	44
よいです(差し支えない)					刘红	32		忘れてしまう	忘了	65
	行	51		留保する	保留	54		忘れる	忘记	69
よいですか	好吗	38		両親	父母	48		私	我	25
	可以吗	48		料理	菜	76		私が思うには～	我看	54
	可以不可以	54		旅行する	旅游	54		私たち	我们	46
よいですか(差し支えないか)								私たちの学校	我校	48
	行不行	51		れ				私に～させてください		
よいですか(よいか、よくないか)				歴史	历史	96			让我	48
	好不好	51		レポート	报告	25		渡辺(日本人の姓)	渡边	24
ようこそ	欢迎	44		レントゲン（X線）写真を撮る						
用事がある	有事	65			透视	92		を		
(話題を変える)よし				連絡する	联系	66		～を	从	99
	好了	106							把	48
夜	晩上	28		ろ				…を～と呼ぶ	叫	37
				ローストダック	烤鸭	85		～をお預かりします		
ら									收你	79
来週	下个星期	28		わ				～を姓とする	姓	37
来年	明年	62		～羽	只	85		～を使って	用	58
				わあ	哎呀	95				

129

依 藤　　醇（よりふじ・あつし。東京外国語大学名誉教授）

小 薗 瑞 恵（おその・みずえ。東京外国語大学・明治学院大学非常勤）

井田みずほ（いだ・みずほ。中央大学非常勤）

イラスト：淺山友貴　　　表紙デザイン：宇佐美佳子

中級中国語教室　実践会話のクラス　　音声ダウンロード

2016 年 12 月 19 日　初 版 発 行
2020 年 3 月 26 日　第 3 刷発行

著　者　依藤醇・小薗瑞恵・井田みずほ
発行者　佐藤康夫
発行所　白 帝 社
　　　　〒 171-0014　東京都豊島区池袋 2-65-1
　　　　電話　03-3986-3271
　　　　FAX　03-3986-3272(営)／03-3986-8892(編)
　　　　info@hakuteisha.co.jp
　　　　http://www.hakuteisha.co.jp

組版・印刷 倉敷印刷(株)　製本 (株)ティーケー出版印刷

Printed in Japan〈検印省略〉6914　　　　ISBN978-4-86398-258-1
＊定価は表紙に表示してあります

中 国 語

声母\韵母	a	o	e	-i [ɿ]	-i [ʅ]	er	ai	ei	ao	ou	an	en	ang	eng	i [i]	ia	ie	iao	iou -iu
ゼロ	a	o	e			er	ai	ei	ao	ou	an	en	ang	eng	yi	ya	ye	yao	you
b	ba	bo					bai	bei	bao		ban	ben	bang	beng	bi		bie	biao	
p	pa	po					pai	pei	pao	pou	pan	pen	pang	peng	pi		pie	piao	
m	ma	mo	me				mai	mei	mao	mou	man	men	mang	meng	mi		mie	miao	miu
f	fa	fo						fei		fou	fan	fen	fang	feng					
d	da		de				dai	dei	dao	dou	dan	den	dang	deng	di	dia	die	diao	diu
t	ta		te				tai		tao	tou	tan		tang	teng	ti		tie	tiao	
n	na		ne				nai	nei	nao	nou	nan	nen	nang	neng	ni		nie	niao	niu
l	la	lo	le				lai	lei	lao	lou	lan		lang	leng	li	lia	lie	liao	liu
g	ga		ge				gai	gei	gao	gou	gan	gen	gang	geng					
k	ka		ke				kai	kei	kao	kou	kan	ken	kang	keng					
h	ha		he				hai	hei	hao	hou	han	hen	hang	heng					
j															ji	jia	jie	jiao	jiu
q															qi	qia	qie	qiao	qiu
x															xi	xia	xie	xiao	xiu
zh	zha		zhe		zhi		zhai	zhei	zhao	zhou	zhan	zhen	zhang	zheng					
ch	cha		che		chi		chai		chao	chou	chan	chen	chang	cheng					
sh	sha		she		shi		shai	shei	shao	shou	shan	shen	shang	sheng					
r			re		ri				rao	rou	ran	ren	rang	reng					
z	za		ze	zi			zai	zei	zao	zou	zan	zen	zang	zeng					
c	ca		ce	ci			cai		cao	cou	can	cen	cang	ceng					
s	sa		se	si			sai		sao	sou	san	sen	sang	seng					

※ [ ] 内は国際音声記号。

音 節 表

🔊 A47　　　　　　　　　　　　　　🔊 A48

ian	in	iang	ing	u	ua	uo	uai	uei -ui	uan	uen -un	uang	ueng -ong	ü	üe	üan	ün	iong
yan	yin	yang	ying	wu	wa	wo	wai	wei	wan	wen	wang	weng	yu	yue	yuan	yun	yong
bian	bin		bing	bu													
pian	pin		ping	pu													
mian	min		ming	mu													
				fu													
dian			ding	du		duo		dui	duan	dun		dong					
tian			ting	tu		tuo		tui	tuan	tun		tong					
nian	nin	niang	ning	nu		nuo			nuan	nun		nong	nü	nüe			
lian	lin	liang	ling	lu		luo			luan	lun		long	lü	lüe			
				gu	gua	guo	guai	gui	guan	gun	guang	gong					
				ku	kua	kuo	kuai	kui	kuan	kun	kuang	kong					
				hu	hua	huo	huai	hui	huan	hun	huang	hong					
jian	jin	jiang	jing										ju	jue	juan	jun	jiong
qian	qin	qiang	qing										qu	que	quan	qun	qiong
xian	xin	xiang	xing										xu	xue	xuan	xun	xiong
				zhu	zhua	zhuo	zhuai	zhui	zhuan	zhun	zhuang	zhong					
				chu	chua	chuo	chuai	chui	chuan	chun	chuang	chong					
				shu	shua	shuo	shuai	shui	shuan	shun	shuang						
				ru		ruo		rui	ruan	run		rong					
				zu		zuo		zui	zuan	zun		zong					
				cu		cuo		cui	cuan	cun		cong					
				su		suo		sui	suan	sun		song					

※ ê、hm、hng、m、n、ng、yo など感嘆詞のみに用いられる特殊な音節は省略。